사람 속에 함께 걷다

사람 속에
함께 걷다

박영미 지음

산지니

미치도록 간절하게 일하고 싶다

가난이 힘들었고 차별이 아팠다. 거기서 벗어나려고 열심히 공부했다. 얼마나 힘들지도 모르고 세상의 빛과 소금으로 살겠다고 약속했다. 더불어 잘 사는 세상을 꿈꾸고 만들어가는 것이 내 삶의 소명이자 기쁨이다. 우리의 미래는 우리가 꿈꾸는 대로 이루어진다.

한 사람 한 사람 모두가 자기 삶의 주인이자 가정과 사회와 나라의 공동 주인으로 사는 세상, 과학과 기술의 진보가 모든 사람에게 고른 혜택으로 오는 세상, 자신의 고유한 빛깔대로 살면서도 아름다운 조화를 이룰 수 있는 세상, 힘들고 아플 때 서로서로 아껴주고 격려하며 웃으며 사는 세상. 이런 세상을 만드는 데 앞장서고 싶다. 이런 세상을 만드는 데 더 많은 사람들의 관심을 불러일으키고 싶다. 내가 완벽해서가 아니라 오히려 부족한 점이 많지만, 아직도 가슴이 뜨겁고 아직도 가슴이 아프기 때문이다.

국민의 정부를 거쳐 참여정부까지 열심히 달려온 사람들이, 이제는 한숨 돌리고 좀 여유 있게 우아하게 살아도 되지 않느냐고 말했다. 여전히 바쁘게 전국을 뛰어다니는 나를 보고 "영미는 박물관 보내야 해." 하는 사람들도 많았다. 하지만 여전히 내 귀에는 아파하는 작은 소리가 들렸고 내 눈에는 해야 할 많은 일이 보였다.

나는 부르면 달려가는 사람이다. 아니 부르지 않아도 보이면 찾아가는 사람이다. 어려운 것이 없는지 도와줄 게 없는지 물어보고 싶은 사람이다. 아이를 키우고 가정을 꾸리는 사람이 아이들에게 가족에게 먼저 그래야 하는데, 나는 가족보다 사회의 요구에 더 민감했다. 우리 아이들이 엄마 뒷바라지하느라 힘들었고 상처도 많이 받았다. 이것 또한 아프지만 그런 아픔이 없는 사람이 있겠는가?

나는 어렵고 힘든 사람들에게 더 눈이 간다. 어렵고 힘든 사람들이 자각하고 단결해서 더 큰 일을 해내곤 하는 걸 활동 속에서 많이 보아 왔다. 부산의 원도심, 영도구 중구는 어렵고 힘들다. 그래서 더욱더 앞장서서 일하고 싶다. 더불어 잘 사는 세상은 아직도 내 가슴을 뛰게 한다. 더불어 잘 사는 세상을 향해 미치도록 간절하게 일하고 싶다. 그 삶의 기록을 여기 소박하게 적는다.

2019년 12월
박영미

선한 이웃

송기인(신부, 부마민주항쟁기념재단 이사장)

　어떤 사람이 예루살렘을 떠나 예리코로 내려가다가 강도를 만났습니다. 강도는 그가 가진 것을 빼앗고 그를 때려 초주검으로 만들어 놓았습니다. 한 사제가 지나가다가 그를 보고도 피해서 길 반대편으로 지나가 버립니다. 다음 레위인이 지나다가 그를 발견하지만, 마찬가지로 피해 지나갑니다. 그런데 한 사마리아인이 여행 중 이 불행한 사람을 만납니다. 가엾은 마음이 든 이 사마리아인은 그를 치료해 주고 여관으로 데려가 보살핀 다음 여관 주인에게 비용을 지급하며 그를 돌보아 달라고 부탁합니다.

　예수님의 그 유명한 '착한 사마리아인의 비유'입니다. 누가 우리의 이웃이냐고 묻는 율법학자에게 너는 사제와 레위인과 사마리아인 중에 누가 강도를 만난 사람에게 이웃이 되어주었다고 생각하는지 되묻습니다. 율법학자가 사마리아인이라고 대답하자 예수님은 "너도 가서 그렇게 하라."고 말씀하십니다.

박영미 대표는 바로 예수님 말씀대로 낮은 자리로 '가서 그렇게 한' 사람의 가장 모범적인 예시로 생각됩니다. 사람은 누구나 행복한 삶을 꿈꿉니다. 누군들 편안하고 미래가 보장된 삶을 선택하고 싶지 않을까요? 그런데도 박 대표는 소리 없이 소외된 사람들을 품는 삶을 살아왔습니다. 더불어 행복한 공동체의 꿈을 향해 끊임없이 분투한 삶이었습니다. 박 대표가 힘들고 어려운 이웃들 속에서, 그리고 미혼모들과 한부모 가족이 누려야 할 당연한 인권을 찾기 위해 동분서주하는 모습, 그들의 얘기를 듣고 나누며 그들 삶의 힘든 역정에 함께하는 모습을 보면, 강도를 만나 초주검이 된 불행한 사람을 지극정성으로 돌보아 준 착한 사마리아인의 모습이 떠오릅니다. 그렇게 박 대표는 우리 사회의 소외되고 힘겨운 사람들의 선한 이웃이 되어주었습니다.

박 대표가 부산여성회에서 일하며 당시 민주화 운동에 지속적으로 연대하던 90년대 초반 무렵부터 박 대표를 지켜봤습니다. 박 대표와 함께 참석하게 되는 이런저런 행사장의 공식 행사가 끝나면, 사석에서 저는 박 대표를 "영미야, 영미야!" 하고 부르기도 했습니다. 이미 사회의 한 성인이고 한 조직의 대표자임을 생각하면 바람직한 호칭이 아닐 수도 있었지만, 세상의 부와 명예를 추구하는 삶을 버리고 사회 곳곳의 낮은 자리에서 분투하는 그의 고단한 삶을 한순간이나마 위로하고 싶었기 때문이었습니다. 그렇게 부를 때마다 환하게 웃던 박 대표의 따뜻한 웃음이 오래도록 마음에 남았습니다.

박영미 대표의 꿈을 응원하고 싶습니다. 인간이 인간답게 살아가는 세상, 사람 사는 세상의 가치가 실현되는 공동체를 향한 그의 꿈이 이루어지기를 기도합니다. 그의 삶의 궤적, 사회적 약자이자 공동체의 약한 고리를 향한 그의 애정과 사랑, 피땀과 분투, 희망과 미래를 담은 이 책이 더 많은 사람들에게 더불어 행복한 공동체의 꿈을 불러일으키기를 기원합니다.

힘들고 어려운 이웃 속에서

박원순(서울특별시장)

서울시장 3선을 시작하면서, 열악한 환경에서 살아가고 있는 시민들의 생생한 목소리를 듣고, 딱 들어맞는 정책을 세우고 싶었습니다. 곧바로 찜통더위 속에서 '삼양동 한 달 살이'를 하며, 주민들과 함께 골목 청소도 하고 이야기도 많이 들었죠. 물론 쇼라고 비난하는 사람도 있었습니다. 1년이 지난 지금, 삼양동의 경험은 지역균형발전 정책의 패러다임을 '강북 우선 투자'라는 방향으로 완전히 바꾸는 계기가 됐습니다.

제가 삼양동 한 달 살이로 이야기를 시작한 것은, 박영미 대표의 삶이 여성노동자들, IMF로 실직하신 분들, 한부모 가정, 미혼모들에 이르기까지…. 힘들고 어려운 이웃 속에서 함께 해왔기 때문입니다. 시간이 지날수록 지칠 만도 한데, 점점 더 넓어지고 깊어졌습니다. 그렇게 한결같이 살아가기가 참 쉽지 않은 일이죠.

한결같은 삶도 존경스럽지만, 박 대표는 힘겨워하는 그들이 주저앉지 않고 스스로 다시 설 수 있도록 이끌어왔습니다. 당사자들이 문제점을 진단하고 해결방법에 대한 의견도 내도록 추동하면서 시민의 힘을 키워왔습니다. 그렇게 부산에서 전국으로 종횡무진으로 활동하며 많은 분야의 사람들을 조직해냈습니다.

저는 진정성과 뚝심으로 힘겨운 이웃들과 동고동락해온 박영미 대표가 부산의 원도심에서부터 정치의 신뢰를 회복해나가는 데 한몫할 것이라고 기대합니다.

차례

책을 펴내며   5

추천사 | 송기인(신부, 부마민주항쟁기념재단 이사장)   7

추천사 | 박원순(서울특별시장)   10

1부 석유집네 다섯째 딸

어린 시절   17

청소년 시절   24

청년 시절   37

세 아이 엄마   43

2부 더 낮게, 더 뜨겁게

부산인재평생교육진흥원 420일   49

교육이 미래다   68

부산에서 전국으로, 전국에서 부산으로   89

발로 뛰는 주민활동가   108

어렵고 힘든 이웃 속으로   128

생활 속 정치   150

평화가 밥이다   165

3부 날자 원도심, 중구와 영도

지역 격차가 문제야   185

주민이 주인입니다   190

중구와 영도, 산적한 현안들   197

인터뷰 후기 | 배재국(한국해양대학교 데이터정보학과 교수)   208

박영미가 걸어온 길   211

1부

···

석유집네
다섯째 딸

어린 시절

나는 부산철도공작창(현재 부산철도차량정비단)과 동천 사이에 있는 하천부지, 범천2동 1042번지에서 8남매 중 일곱째이자, 딸 다섯 중 막내로 태어났다.

어머니, 아버지는 두 분 다 거창 사람인데, 오빠와 큰언니, 둘째 언니를 거창에서 낳고 부산으로 내려오셨다. 부산에 온 후, 좌천동 등 여기저기를 살다가 내가 태어나기 전에 그 동네에 자리를 잡으셨다 한다.

아버지의 동업

부산 생활 초기에 아버지는 어머니와 함께 성북초등학교 앞에서 문방구를 하는 등 여러 가지 일을 했으나, 그중 일손을 놓을 때까지 오랜 기간 한 일은 석유 관련업이었다. 한 번 사용한 석유를 재생하여 다시 판매하는 일이었다. 다른 사람과 동업으로 진행했는데, 아버지는 영업과 직원 관리를 했고 화공학과 전공의 다른 사장님은 생산을 맡았다. 아버지보다 적은 나이인 다른 사장님을 우리는 아저씨라 불렀고 명절 인사를 하러 가기도 했다.

아직도 동업은 부모와 자식 간에도 하지 말라는 말이 있고, 동업이든 협동조합이든 여러 사람이 공동으로 소유하고 운영하려면 예수나 부처 같은 사람이 중심을 잡아주지 않으면 안 된다는 말도 있다. 그런 점에서 보면 아버지가 은퇴하실 때까지 30년 가까이 동업을 하셨다는 것은 참 대단한 일이다.

가방끈 짧은 아버지

아버지는 공부를 많이 하셨다. 돌아가시기 전까지도 늘 한문 책을 읽고 한자 서예를 하고, 유교 경전도 많이 읽으셨다. 사람들에게 말할 때도 공자와 맹자의 이야기를 많이 인용하셨다. 동네 사람들과 고향 사람들뿐만 아니라 박씨 문중에서까지 아버지에게 제문을 종종 부탁했다. 나도 삼국지나 궁중 비사 같은 책을 아버지 덕분에 볼 수 있었다.

아버지의 학력은 국민학교 3학년까지가 전부다. 그래서 작년에 출간된 내 책『사람 속에서 길을 찾다』에는 '아버지는 가방끈은 짧았지만'이라는 문구가 있다. 친척분이 말씀하시길 국민학교를 그만두게 된 이유는 모르지만, 할아버지가 총명한 막내아들을 가르치고자 하는 열의가 대단하여 독선생을 모셔 한문학을 3년간 가르쳤다고 한다. 독선생을 모시기 위해 할아버지는 다른 집의 머슴까지 겸해서 일하셨다 한다.

국가가 인증한 체제 속에서 교육받지 않으면 학력이 인정되지 않는 폐해를, 우리 아버지도 겪었다는 것을 그때야 알았다. 그렇지만 아버지의 학식이 얼마나 깊건 간에 국민학교도 졸업하지 않은 사람은 공인된 학력이 요구되는 일을 할 수 없었다. 그래서 어느 이웃의 말처럼 밥도 제대로 못 먹으면서까지 딸들을 가르치려고 아버지가 그렇게 애를 쓰셨나 하는 생각이 들었다.

81학년도 예비고사에서 부산지역 여자 수석을 했을 때, 부산일보에서 기사를 내야 하니 와서 사진 찍어 가라고 연락이 왔다. 그때 평소와 달리 아버지가 나와 함께 가셨던 것도 이제 이해가 된다.

어머니의 낙태

내 기억 속에 늘 아팠던 어머니. 집에는 항상 한약 달이는 냄새가 났고 어머니는 몸져누워 있을 때가 잦았다. 한 번씩 혼절해서 병원에 실려 갈 때면 어머니가 돌아가실까 봐 무섭고 슬퍼서 운 적도 많았다. 아버지도 항상 어머니 걱정을 했다. 그래도 아버지가 돌아가시고 어머니는 7년을 더 사시다 돌아가셨으니 아픈 사람이 더 오래 산다는 옛말이 맞는가 보다.

어머니는 아픈 이력을 말할 때마다 나를 낳은 뒤부터 그러기 시작했다고 하셨다. 출산 후 어머니는 젖도 나오지 않을 정도로 몸이 안 좋아 나는 암죽을 먹고 자랐다는 말을 언니들에게 들었다. 아픈 어머니를 볼 때마다 나는 죄책감이 들었다.

나이 마흔, 나 역시 가난한 살림에 아이 세 명을 낳아 기르며 어느 정도 부모의 마음을 알 수 있을 때, 언니가 이야기해줬다. "엄마가 너 임신했을 때, 떼려고 간장도 먹고 언덕에서 뛰어내리는 등 별별 짓을 다 했다."라고. "니가 잘못한 게 아니라 니는 불쌍했던 거다." 어릴 때 말하면 내가 충격받을까 봐 말 못 했고 이제 나도 자식 키우고 있으니 엄마 마음을 이해하겠지 싶어 말해준다고 했다.

아이를 키우고 교육하는 것이 오롯이 부모에게만 맡겨져 있던 시절이었다. 여섯 아이 키우기도 버거운데 또 임신이 되었으니 어머니의 심정을 어찌 이해 못 하랴. 그때와 비교하면 경제적으로 훨씬 나아진 지금에도 기혼자들의 낙태가 많은데….

나도 어린 시절 몸 상태가 좋지 않았지만, 어머니의 건강은 훨씬 더 안 좋았다. 나를 낳은 후부터 돌아가실 때까지 평생 몸이 아팠던 어머니를 생각하면 눈물이 난다. 지금도 임신하고 낳는 것을 한 가족의 일로만, 여성의 일로만 생각하는 경향이 있다. 아이를 가진 여성들과 새 생명이 모두 축복받는 세상이 되기를 바란다.

너거 엄마 온다

내가 어렸을 때는 노는 게 모두 몸으로 하는 것이었다. 고무줄 뛰기, 술래잡기, 시차기, 캣도발, 팽이치기, 숨바꼭질, 수박놀이, 오징어, 말타기, 썰매 타기 등.

동네 친구들과 이것저것 한바탕 놀고 나면 체력이 약한 나는 그다음 날 항상 몸져누웠다. 나는 유전적으로는 힘세고 날쌘 아버지를 닮았지만, 아주 허약한 상태로 태어났기 때문이다.

약한 아이들일수록 더 뛰어놀게 해서 체력을 튼튼하게 만들어야 하는데, 우리 어머니는 그런 것을 알지 못했다. 어머니의 중요한 일과 중 하나는 내가 밖에서 뛰어놀지 못하게 하는 것이었다. 어머니는 내가 밖에서 친구들과 뜀박질이라도 하는 걸 보면 나를 데리고 가셨다. 내가 집에서 안 보이면 아예 나를 찾으러 밖에 나가 찾아다니기도 하셨다. 그래서 놀고 있을 때 친구들이 "너거 엄마 온다." 외치면 숨어야 했다. 몸도 허약한 데다 어머니가 수시로 찾아다니며 데리러 오시니, 나는 자연스레 깍두기를 주로 맡게 되었다. 시시한 역할만 맡다 보니 자연히 놀이에 대한 흥미가 떨어져 몸으로 하는 놀이를 멀리하게 되었다.

어린 시절의 놀이와 체육은 건강한 삶을 위한 평생 저축인데, 지금 생각해도 참 아쉬운 마음이 든다.

어머니의 책 읽기

어머니는 항상 책을 읽었다. 궁중 비사도 보고, 숙영낭자전도 보고 이런저런 소설도 보셨다. 몸이 아파 앉기 힘드셔서 책은 항상 누워서 보셨다. 어머니가 누워서 책을 보면 우리도 어머니 곁에 앉거나 어머니 배와 다리에 자기 다리를 척 올려 누운 채 책을 보곤 했다. 그때 버릇이 들어 지금도 십에서는 책을 보거나 스마트폰이나 태블릿PC는 항상 누워서 본다. 어머니 때문에 우리 형제들은 모두 책을 많이 읽게 되었다.

밥도 제대로 못 챙겨 먹는 집에서 어미부터 자식들까지 책만 들여다보고 있었으니 남들이 보면 참 답답할 수도 있었을 거다. 하지만 책 읽기로 인해 우리는 가난에 짓눌리지 않고 당당하게 살아갈 힘을 얻을 수 있었다.

큰언니와의 추억

큰언니는 내가 중학교 1학년 때 결혼을 했다. 큰언니는 결혼하기 전까지 아픈 엄마를 대신해서 나를 가장 많이 돌봐준 사람이었다. 초등학교 가입학부터 입학식, 소풍, 졸업식까지 모두 언니가 따라갔다. 성지곡수원지 어린이 대공원과 해운대 바닷가에 처음 데리고 간 사람도 큰언니였다. 극장도 큰언니랑 갔다. 언니 친구들과 함께 영화 〈카츄샤〉(톨스토이의 부활)를 보고 얼마나 울었던지 밖에 나와 눈을 못 뜬 기억이 아직도 난다.

가난하고 형제자매가 많은 집의 큰딸로 태어난 언니는 국민학교만 졸업하고 공장에 다니면서 우리 집 살림 밑천이 되었다. 언니가 LG의 전신인 금성사를 오래 다닌 것이 기억난다. 직장을 다니던 언니는 퇴근 후에도 집안일을 하고 주말에는 동생들을 돌봐주었다.

언니가 동생들 때문에 중학교도 못 가고 고생도 많이 했다는 것을 알았기에, 고등학교 때부터 좋은 대학에 들어가고 좋은 직장을 얻어 돈 많이 벌어서 큰언니를 호강시켜주겠다는 마음을 먹었다. 대학교 1학년 여름방학 때 학생운동을 계속해야 할지 말아야 할지 고민할 때 부모님도 많이 생각했지만, 큰언니가 가장 마음에 걸렸었다.

이 이야기를 쓰며 언니와 통화를 했다. 언니는 자신이 가난한 집안의 큰딸이라 고생은 했지만, 아버지와 어머니가 자식들을 사랑하는 마음이 커서 자신을 많이 아껴주고 사랑해줬다고 말

사람 속에 함께 걷다

했다.

장난꾸러기 아버지

아버지는 우리가 잘못할 때 참 매섭게 혼을 내는 분이셨다. 하지만 기본적으로 자식들을 정말 예뻐하셨다.

함께 외출하고 돌아올 때, 졸고 있으면 항상 업어주셨다. 겨울에는 이불 아래에서 자신의 발가락으로 우리 발을 집게처럼 몰래 잡아 깜짝 놀라게 했고, 그 장난에 우리는 웃겨서 자지러졌다. 이불을 펴놓고 그 위에서 함께 씨름 놀이도 했다. 누워서 두 다리로 나와 동생을 받치며 비행기도 많이 태워주셨다.

아버지는 우리가 공장에 놀러 가는 것도 좋아했다. 아버지 공장은 지금의 부산진구청 뒤편 두 개의 철도 굴다리 사이에 있었다. 공장에서 일하는 아저씨들이나 거래처 사람들에게 우리를 소개해주셨고 갈 때마다 맛있는 것도 사주셨다. 특히, 방학식을 하는 날이면 성적표를 가지고 꼭 공장에 오도록 했다. 집에서 걸어가면 25분 넘는 거리였지만 우리도 아버지 공장에 가는 것을 좋아했다.

할아버지가 된 아버지는 손자, 손녀들과도 우리와 그랬던 것처럼 장난을 쳤고 함께 즐겁게 노셨다. 우리 아이들도, 외할아버지는 함부로 대할 수 없는 무서운 분이지만 자기들을 매우 예뻐하신 분으로 기억하고 있다.

청소년 시절

학교를 그만둔 친구들

내가 대학 다니던 시절에는 공부를 하려면, 부모가 학비를 대 주거나 자신이 공부를 아주 잘해서 장학금을 받거나, 또는 고 학으로 일해 학비를 충당하는 방법밖에 없었다. 국민의 교육받 을 권리는 헌법에도 명시되어 있듯이 국가가 보장해야 한다는 것을 몰랐다. 무상급식이 선거의 이슈가 되었던 2010년만 해도 "지 새끼 지가 먹이고 지가 교육시켜야지, 왜 정부에게 난리냐?" 고 무상급식 요구를 비난하는 목소리도 높았다.

우리나라는 1959년에 초등 무상교육, 2002년 중학교 무상교 육이 시행되었고 고등학교는 2019년 2학기부터 무상교육을 했 다. 하지만 내가 1968년에 국민학교에 입학하고 그 후 대학교를 졸업할 때까지만 해도 초등 무상교육 시행 자체를 몰랐다. 중학 교에서는 수업료와 육성회비를 합쳐서 분기별 등록금으로 내야 했다. 초등학교에서는 육성회비만 낸 것을 보면 분명 초등 무상 교육이 시행된 것이 맞았지만, 육성회비를 못 내면 학교에서 어 찌나 괴롭히는지 육성회비를 못 내서 학교를 그만두는 친구들도 꽤 있었다.

초등학교 5학년과 6학년 때 반에서 조용히 사라지는 친구들이 좀 있었다. 대부분 여자였고 얌전하고 조용한 아이들이었다. 왜 학교를 안 나올까? 어디로 갔을까? 궁금했지만 선생님께조차 어떤 이유도 듣지 못했다. 그런 헤어짐을 여러 번 겪으면서 그 친구들은 돈 때문에 학교를 더 이상 다닐 수 없다는 것을 자연스레 알게 되었다. 나도 육성회비를 못 낸 적이 많아, 등교를 했다가 학교에서 쫓겨나거나, 복도에 무릎 꿇고 앉아있는 벌을 받기도 했던 터라 남 일 같지 않았다.

중학생이 되니까 등굣길에 나와 반대 방향으로 가는 사람들 중 예전에 학교에서 사라진 친구 몇몇을 만날 수 있었다. 우리 동네를 지나서 보생고무, 삼화고무로 출근하는 길이었다. 나는 교복을 입고 학교에 가는 것이 미안했다. 큰언니 생각도 많이 났다. 그 당시 교복 입고 학교에 가는 대신 공장에 일하러 가는 친구들의 뒷모습은 사진의 한 장면처럼 마음속에 새겨져 있다.

중학교 2학년 짝지(짝, 짝꿍의 부산 사투리)도 중간에 학교를 그만두었다. 이름은 기억나지 않지만, 얼굴은 아직도 기억난다. 약간 통통하고 까무잡잡한 얼굴에 안경을 끼고 있었다. 짝지라고 모두 친하게 되는 것은 아닌데 이 친구는 원만한 성격에 공부도 꽤 잘해서 호감이 갔다. 나는 차비를 아끼려고 하굣길에도 걸어 다녔는데 그 짝지와 길동무를 하며 부쩍 친해졌다. 부일여

중에서 출발하여 먼저 양정교육원 근처 철로 옆에 있는 짝지 집에 먼저 도착하고, 나와 다른 친구들은 더 걸어갔다.

그런데 여름방학이 지나고 개학을 하면서는 학교에서 짝지를 발견할 수 없었다. 짝지는 학교로 돌아오지 않았다. 짝지의 사정은 이러했다. 그동안 짝지의 학비는 시집간 언니가 김해에서 형부랑 비닐하우스 농사하며 번 돈으로 해결해왔다. 공부를 잘하면 언니가 여상도 보내준다 했단다. 그런데 그해 여름에 큰 우박이 떨어져서 비닐하우스가 폭삭 내려앉았고 언니는 망해버린 것이다. 짝지가 학교를 그만둔 후에도 가끔 길에서 얼굴이라도 보곤 했는데, 어느 때부턴가 아예 보이지 않았다. 이사 갔다고 했다.

2002년, 중학교 신입생부터 무상교육을 시행한다는 정부의 발표를 듣고 우리 아이들과 만세를 불렀다. 그동안 내가 중학교 무상교육을 위해 노력했기 때문이기도 했고, 당장 우리 집도 혜택을 볼 수 있어 정말 기뻤다. 당시 큰 애가 중학교 입학을 앞두고 있었기 때문이다. 그때 중학교, 고등학교 못 보내는 집이 어디 있었냐고 하겠지만 내가 98년도부터 만난 한부모 가정은 대부분 아이들 중고등학교 학비 댈 걱정을 하고 있었다. 그때 나도 아버님을 모시고 애들 세 명을 키우며 남편과 함께 시민사회운동을 하던 때라 많이 가난했는데 중학교 무상교육이라니! 큰애 고등학교 입학 1년을 앞두고는 등록금이 밀릴까 걱정되어 없는 살림을 마른걸레 짜듯 짜서 매달 10만 원씩을 따로 저축했었다.

2021년 전면시행을 목표로 2019년 가을부터 고교 무상교육이 단계적으로 시행되고 있다. 늦은 감이 있지만, 지금이라도 다행이다.

동서고가로, 불하, 아이들

나는 대학을 들어가면서 집을 떠났다. 부모님과 동네 사람들은 91년에 부곡동 시영아파트로 입주하면서 동네를 떠났다. 그 자리에 동서고가로가 생겼고 하천은 복개되었다. 어린 시절 가족과 함께 살았던 집들과 친구들과 뛰놀았던 마을은 내 가슴속에 추억으로만 남아 있다.

우리 동네는 철도공작창과 동천의 지류 사이에 있는 하천 부지에 전쟁피란민들이 들어와 만든 곳이었다. 땅은 정부 소유였고 먼저 들어온 사람들이 집을 지어 살면서 가진 점유권을 다른 사람들에게 팔았다. 우리도 네 가구가 사는 집에 방 두 개, 부엌 하나를 얻어 열 명이 살았다. 주인이 따로 살았는데 어느 날, 집을 판다고 했다. 많은 식구를 데리고 이사할 곳도 없고, 오래 정들었던 곳을 떠나기도 싫어 세입자들은 자기들이 사는 공간을 주인에게 매입하는 식으로 해결을 봤다. 아이들이 커가며 방 두 개로 살기가 힘들어, 같이 공간을 나눠 쓰던 다른 가구가 이사하고 남은 빈집을 샀다. 정부 땅이었기에 해마다 사용료를 내고 살았다.

초등학교 3학년인가 4학년 때부터 동네가 불하 문제로 시끄러워졌다. 당시 정부에서는, 부산항 부두에서 창원 마산 등지로 연결되는 동서 간의 교통난이 심각해지면서 동서고가도로를 건설할 계획을 세웠다. 우리 마을의 사분의 삼에서 오분의 사 정도가 도로 부지에 수용될 계획이었다. 그 대신 수용되지 않은 땅은 불하를 한다고 했다. 정부 땅에 있는 무허가 건물이니 수용비는 얼마 되지 않았고, 순순히 나가려는 사람들보다는 반대하는 목소리가 컸을 것이다. 그런데, 수용되지 않은 일부 땅을 불하해준다고 하니 분위기가 바뀌었다. 동네 사람들이 똘똘 뭉쳐도 주거권을 보장받기 어려운 판에 쫓겨나야 하는 사람들과 불하 받는 사람으로 동네가 나뉘어서 갑론을박하게 되니 결과는 뻔한 것이었다.

우리 집은 부엌만, 우리 집과 친했던 금식이 언니네 집은 몽땅 날아가게 되었다. 앞집은 어떤지 잘 몰랐는데, 어쨌든 불하를 받지 말라고 하는 앞집 아저씨와 그래도 불하는 받아야 한다는 아버지의 사이가 좋지 않았던 기억은 난다. 어른들끼리의 이견과 대립은 아이들에게까지 옮아와서 나보다 한 살 많은 앞집의 남자아이는 놀 때마다 철거당할 집에 사는, 나와 동갑인 여자친구의 편을 들었다. 가난했지만 인정 넘치고 화목한 동네였는데 하루아침에 인심이 확 바뀐 것을 생활하는 곳곳에서 느낄 수 있었다. 그 모습은 나에게 오랫동안 상처로 남았다.

고가도로 건설 후에 불하를 할 수 있는데도 고가도로 건설을 위한 수용과 남은 땅의 불하를 동시에 이야기한 것은, 동네 사람들에게 떠넘기고 건설비용을 적게 들이려는 술책이었다. 이 방법은 우리 동네에서 제대로 먹혔다. 집이 철거될 위기에 처한 사람들은 단결하여 막거나 억울하지 않게 보상을 받고 철거되기를 바랐을 것이다. 그들은 불하 받고 이해관계가 달라지는 사람들이 참 미웠을 것이다. 반대하는 사람들도, 자기들이 불하 받지 않고 다른 사람이 불하를 받아버리면 자신들은 사는 집에서 당장 내쫓길 수 있었기 때문에 걱정되는데 불하 받지 말라 요구하는 사람들이 이해되지 않았을 것이다.

언제 철거될지 불안해서 그랬든, 정나미가 떨어져 그랬든 철거지역에 살던 사람들은 형편만 되면 빨리 동네를 떠났다. 그렇지만 철거는 그로부터 20년 가까이 지난 1991년에 이뤄졌다.

열여섯의 다짐

나의 청소년 시절에 가장 큰 영향을 끼친 것은 독서와 교회였다.

책 속의 세상을 통해 내가 가보지 않은 곳의 사람들과 내가 해보지 않은 일을 하고 내가 겪지 못한 일을 겪은 사람들을 만났다. 그들의 생활과 고민을 알고 그 위에 나의 생활과 고민을 겹쳐서 생각했다. 나는 책을 엄청나게 많이 읽었다. 독서를 많이 하고 글도 잘 쓰는 셋째 언니조차 나를 '책이라면 무조건 빨아들이는 흡착기'라 부를 정도였다. 나는 책 속에서 길을 찾고 있었다.

나는 6학년 여름방학에 교회를 찾아갔다. 나와는 크게 친하지 않았지만, 어머니가 아주 좋아하셔서 우리 집에 자주 오던 외사촌 큰오빠가 젊은 나이에 돌아가셨다. 어릴 적 우리 동네에서 살아서 친하게 지냈던 외육촌 오빠도 태풍이 오는 날 택시 운전을 하다 쓰러지는 나무에 받혀 돌아가셨다. 죽음은 나이가 많을 때 찾아오는 것으로 알던 내게, 가까운 오빠들의 죽음은 상당한 충격이었다. 이 충격으로 인해 사람은 어떤 이유로 태어나서 무엇 때문에 살아가고 어디를 향해 가야 하는지에 대한 평소의 고민이 증폭되었다. 그 충격과 고민을 해소하지 못하고 방황할 때 어린이 여름성경학교 현수막을 보게 되었다. 나는 여름성경학교를 통해 개신교회를 다니게 되었다.

학교보다 좀 더 자유로운 분위기, 소규모여서 구성원끼리 더 친근해질 수 있었던 주일학교, 아이들을 잘 챙겨주는 주일학교 교사, 그리고 예수님의 말씀은 나를 따뜻하게 안아주었다. 처음 교회에 갔던 이유인 삶과 죽음에 대한 고민은 점차 사라지고, 예수님을 따라 참되게 살겠다는 생각이 내 마음을 차지하였다. 부자든 가난한 자든 권력이 있는 자든 없는 자든 차별하지 않는 것이 좋았고, 정의로운 행동과 어렵고 힘든 사람을 안아주는 것이 좋았으며, 예수님은 더 낮은 모습으로 다시 온다는 것도 좋

사람 속에 함께 걷다

왔다. 열심히 성경도 읽고 교회 생활도 하고 전도도 하였다.

오로지 주입식 수업만 있고 의무만 있는 학교생활과는 달리 교회는 부활절과 크리스마스, 추수감사절 외에도 성경 낭송 대회, 전도의 날, 여름 수련회, 체육 대회, 문학의 밤 등 다양한 이벤트로 신앙생활을 즐겁게 이끌어주었다. 교회학교의 여름 수련회는 몇 년에 한 번 수학여행 가는 것 외에는 여행 갈 기회가 없던 내게 참 소중한 시간이었다. 또한, 문학의 밤 행사는 별 재주 없고 수줍음 많은 친구들에게 모두 무대에 올라가 주인공이 되고, 스포트라이트를 받을 수 있는 경험을 제공하였다. 나는 별 재주 없는 애들에게 맡기는 시 낭송을 맡았지만, 해마다 문학의 밤을 기다리긴 마찬가지였다.

그렇게, 청소년 시절은 가족과 학교, 교회와 도서반을 통해서 이뤄졌다. 도서반 활동은 학교나 교회와 달리 우리들이 직접 계획하고 이끌어가는 곳이어서 또 소중했다. 나에게 네 개의 공동체와 그 공간들은 모두 필요했고 소중했다. 나는 네 개의 공동체 안에서 균형 있는 생활을 영위했다.

부모님은 교회 생활과 도서반 활동을 인정해 주었다. 당시는 한국에서 종교활동이 부흥하던 시기였고 그에 맞춰 가족 간 종교 갈등도 많았다. 어머니는 늘 아팠기에 어떤 면이라도 효과를 보고자 여러 종교에 귀의하셨다. 그때마다 아버지도 어머니와 함께였지만, 아버지는 기본적으로 유가여서 특정 종교에 심취하지는 않으셨다. 어떤 종교든 착하게 살고 부모 형제 이웃에게 잘하라고 하지 나쁘게 하라는 종교가 없다는 식의 실용적 판단으로 인해 자녀들의 종교 생활에 관대하였다. 물론 학교 성적이 좋았기 때문에 부모님과 선생님 모두 나의 활동들을 간섭하지 않은 면도 있었다.

교회에서는 한 해에 한 번 심령부흥회가 있었다. 며칠간 새벽부터 밤까지 계속 기도회가 진행되는데, 나는 무서운 줄도 모르고, 밤이나 새벽이나 빠지지 않고 참석했다. 중학교 3학년 겨울 심령부흥회 마지막 날, 부흥사가 "여기 있는 학생 가운데 앞으로 목사나 선교사로, 주의 사도가 되어 땅끝까지 복음을 전하고 양 떼를 인도할 사람이 있나?" 하고 물었다. 그런 학생이 있다면 특별기도를 해줄 테니 강단 앞으로 나오라고 했다. 몇몇 친구들이 나갔다. 나도 예수님 따라 살겠다는 생각은 많이 했지만 거기까지 결심은 못 했다. 그 대신 나는 내 자리에서 조용히 기도로 다짐했다. '목회자는 되지 못하지만, 나라와 사회를 위해 빛과 소금으로 살겠습니다.'

차별, 참 아프다!

사람만 아니라 영장류는 차별에 아주 민감하다고 한다. 한 실험에서 두 무리의 침팬지(원숭이인가?)를 강철 벽으로 막힌 우리에 두고 한 무리는 매끼 한 마리당 바나나 한 송이씩을 주고 다른 무리는 각각 바나나 두 송이씩을 주었다. 1주일을 지냈지만 아무런 문제가 없었다. 이후 강철 벽을 없애고 서로 잘 보이게 투명한 유리 벽을 설치했다. 그러고 하루가 지나니 바나나 한 송이를 먹던 침팬지들이 바나나를 거부했다. 저쪽에는 두 송이를 주면서 자기들에게는 한 송이씩만 주는 차별에 분개한 것이다.

침팬지도 이러한데 사람은 어떻겠는가? 나는 어릴 때부터 많은 차별을 보고 겪었다. 우리 어머니 아버지는 다른 어른들에 비해 딸 아들 차별을 하지 않은 편이었음에도 둘째 오빠 때문에 두 살 위인 셋째 언니는 중학교 졸업 후, 한 해 동안 공장을 다니다 고등학교를 진학했다. 한 살 아래인 언니도 공부를 잘했는데 대학을 못 갔다. 너나없이 가난한 마을 안에서도 조금 더 잘 살고 조금 더 못사는 것으로 차별하는 것을 느꼈다. 가난한 사람들이 다른 사람들에게 폐를 끼치는 것도 없는데 단지 더 가난하다는 이유만으로 받는 차별 말이다. 가난한 사람과 어울리면 자기가 뭔가를 많이 내줘야 하고 그래서 손해를 볼 수밖에 없다고 생각해 멀리하려는 마음인지, 가난하니 힘도 없을 테고, 그러니 마음대로 성질을 부려도 내들 수 없으니 차별하는지. 차별하는 사람들의 심리가 아직도 궁금하다.

초등학교에는 다양한 가족 배경의 아이들이 모인다. 당시만 해도 서울의 강남, 부산의 해운대 같은 곳이 없었다. 대신동에 잘 사는 사람들이 많다는 말이 있었지만, 지금처럼 지역별로 소득과 교육이 양극화되어 있지는 않았다. 그래서 생활 환경과 경제적 처지가 다른 아이들 70~80명이 모인 한 반에서 서로 친근한 교우 관계를 갖도록 하는 데는 지도자인 교사의 역할이 중요했다. 교사가 학생들을 모두 동등하게 대해야 학생들도 서로를 동등하게 대하는데 그렇지 않은 교사가 참 많았다.

당시 교사들의 월급이 박봉이었는지 촌지가 성행했고, 교사가 반 학생들을 모아서 유료로 과외수업을 하기도 했다. 과외수업하는 학생들에게 시험문제를 가르쳐준다는 말도 떠돌았다. 내가 더 심각하게 느낀 것은 담임에게 과외받는 아이들이 일반 학생들과 다른, 특권층이 되는 것이었다. 담임은 학급의 권력자였기 때문에 담임과 친근한 그 아이들도 힘을 가질 수밖에 없었다. 당시 교사들은 교육이라는 이름으로 아이들을 때리고 욕하고 모욕하는 일이 잦았다. 법적으로 도덕적으로 모두 허용이 되었었다. 교사들이 관심을 두고 신경 써주는 아이들과 그렇지 않은 아이들 사이에는 큰 선이 그어지는 것이다.

학교운영도 정부 지원을 잘 받지 못하고 부모들의 육성회비에 주로 의존하는 구조였는지, 육성회 임원들 자녀와 비임원 자녀들 간에도 차별이 있었다.

가난한 아이들은 보기만 해도 표가 났다. 교복조차 못 입은 아이도 많고 교복을 입어도 모양새가 달랐다. 얼굴에 버짐이 피고 주눅 든 모습에서 아이들의 배경을 짐작할 수 있었다. 나도 4학년까지 교복을 입지 못했다. 5~6학년 때도 이웃 언니가 입던 것을 물려받아 몸에 맞지 않는 교복을 입었다. 어떤 야무짐도 맵시도 느껴지지 않는 모습으로 학교에 다녔다. 매년 학년이 바뀌어 새로운 담임을 만나고 첫 시험 결과가 나올 때까지 나는 보통의 가난한 아이들이 받는 대접을 받았다. 그리고 그 담임들은 누구나 첫 시험 결과를 보고 나서 나에게 미안한 표정을 지었다.

유머와 갈굼 사이

중학교 3학년 때 나는 학급의 반장을 맡았다. 단지 공부를 잘했기 때문이었다. 그때는 공부만 잘하면 뭐든지 잘하는 것으로 인식되던 때였다. 또한, 반장은 같은 반 학생들의 대표자나 리더가 아니라 선생님이 학급을 관리하는 것을 도와주는 보조자였다. 그 당시는 유신시대라서 학급의 반장도 학생들이 투표하지 않고 담임이 지명하였다. 참 웃기는 게, 당시 대통령과 국회의원의 삼분의 일을 통일주체국민회의 대의원들이 간선으로 뽑은 것처럼 초등학교 학급 반장도 학생들이 투표하는 것에서 교사가 지명하는 것으로 바뀌었다.

학급의 환경을 꾸미는 것과 수업 시작 전 정숙하게 관리하는 것, 청소를 깨끗하게 하는 것, 학교에 낼 잡부금을 거두는 것 등 반장이 할 일이 꽤 있었던 것 같다. 나는 할 수 있는 만큼만 했다. 내가 하고 싶어 한 것도 아니고 선생님이 시켜서 하는 것이었으니까.

반장 역할은 잘하지도 못하지도 않게 무난히 소화했지만, 나에게는 큰 괴로움이 하나 있었다. 학급의 임원인 한 친구가 다른 친구들을 못살게 구는 것 때문이었다. 그 친구는 키도 크고 공부도 잘하고 소위 말발도 셌다. 친구들에게는 유머 있는 아이로 인기도 좋았다. 그런데 가만히 지켜보니 그 친구는 한 아이를 웃음거리로 만들어서 다른 사람을 웃게 하고 있었다. 그 친구는 웃으며 갈구고 표적이 되지 않은 다른 아이들도 함께 즐거워했기 때문에, 문제를 제기하면 당한 친구만 오히려 속 좁은 취급을 받는 분위기였다. 내가 당한 것도 아니지만 나는 그 친구의 행동이 너무나 싫었다. 그런데도 그 친구에게 따끔한 말을 하지 못했다. 어떻게 말해야 하는지도 몰랐고, 말발이 세서 내가 이기지도 못할 것 같았다.

14년이 지난 어느 날, 부산의 노동자 지원 단체에서 우연히 그 친구를 만났다. 정말 너무 의외였다. 어릴 때 남을 놀리며 웃기던 친구가 노동자들을 지원할 줄은 생각하지 못했다. 사람은 변하지 않는 것 같으면서도 결국 변하는 존재인가 보다. 안타까운 점은 그 당시 현안에 쫓겨 일만 하느라 중학교 때 왜 그렇게 행동했는지 물어보지 못했다는 거다.

청년 시절

사회과학 서클

고등학교 다닐 때 〈하버드 대학의 공부벌레들〉이라는 미국드라마가 우리나라에 방영되었다. 그 드라마 속에서는 학생들과 교수가 토론과 문답을 하면서 정말 재미있게 공부했다. 방과 후에도 함께 모여서 공부하고 연구하는 모습이 정말 부러웠다. 그렇게 공부를 하고 싶었다. 그래서 서울대학교에 가려고 했다. 서울대학교에 가면 그렇게 공부하는 줄 알았다.

서울대학교에서의 공부는 기대와 달랐다. 졸업정원제로 신입생의 수는 예전의 두 배가 되었는데도 학교는 준비된 모습이 아니었다. 한 수업에 들어오는 학생들이 이백 명 넘는 경우가 많았다. 중고등학교처럼 수업이 주입식인데 교실의 학생 수는 훨씬 더 많아진 셈이다. 어릴 때와 다른 점은 강의실을 내가 스스로 찾아 옮겨 다니는 것 하나뿐이었다. 수업에 실망할 즈음, 선배들이 교실을 돌면서 사회과학 서클에 가입하라고 권유하는 걸 봤다. 아무것도 모르는 나는 사회과학대학에 왔으니 사회과학 서클에 들어야지 생각했다.

서클의 공부 방식은 내가 〈하버드 대학의 공부벌레들〉을 보면서 꿈꿨던 대학의 공부와 비슷하다고 느껴졌다. 일주일에 서너 권의 책을 읽고 모여, 두세 시간 동안 발제하고 토론했다. 우리 사회의 어두운 면들, 뉴스에서 접할 수 없는 내용을 다룬 책들이 많았다. 전국에서 다양한 사람들이 모이다 보니, 그중에는 어려움을 겪지 않은 친구들도 꽤 있었다. 그래서 현실을 너무 부정적으로만 본다거나 문제를 과장한다는 이의제기도 있었다. 나는 내가 우리 가족과 이웃들과 함께 살면서 보고 겪은 것을 이야기해주었다. 그 서클에서 내가 제일 가난한 것도 아니고 책에 나온 현실을 다 접한 것은 더욱 아니었지만, 도시의 부잣집에서 자란 아이들 못지않게 농촌에서 자란 아이들도 대도시 변두리의 삶에 대해서는 잘 모르기 때문이었다. 나는 초중고를 다니면서 교육에 대해 불만을 느꼈던 것들을 사회과학 서클의 학습에서 많이 해소할 수 있었다. 나이는 같지만, 가정과 지역 환경이 서로 다른 곳에서 살다 온 친구들이 주제에 대해 서로 다르게 느끼는 것까지 허심탄회하게 이야기를 나누면서 우정을 쌓아가는 것은 참으로 아름다웠다.

구조적 요인에 대한 고찰

서클에서 학습은 자연스럽게 실천으로 이어졌다. 우리는 현재의 사회를 어떻게 변화시킬지에 대한 이야기를 많이 했다. 어릴 때부터 가난과 차별에서 벗어나는 것이 내 삶의 중요한 과제였

사람 속에 함께 걷다

다. 이는 종교와 독서 활동을 통해, 나뿐만 아니라 다른 모두가 가난하지 않고 차별받지 않는 삶을 살아야 한다는 생각으로 발전했다. 열심히 공부해 교수가 되어 그 방법을 연구하거나 기자가 되어 부정과 불의를 폭로하고 정의를 세상에 호소하는 일을 해야겠다는 다짐도 했다. 그렇지만 생각의 한계는 분명히 존재했다. 나에게는 집이 가난해도 본인만 열심히 하면 공부를 잘할 수 있듯이 애들을 좀 적게 낳고 열심히 살면 부자는 못 되어도 가난은 면할 수 있을 거라는 생각이 있었다. 우리 아버지와 어머니는 원래 똑똑하고 부지런하지만, 가방끈이 짧고 몸이 아프며 자식이 많은 사정으로 어쩔 수 없이 가난한 것이라 여겼다. 그리고 은연중에 다른 가난한 사람들은 술을 많이 마시고 일도 잘 안 하고 책도 읽지 않아 그런 것으로 생각해왔다.

물론 개인차는 있고 노력의 차이도 있지만, 애초에 구조적으로 사람을 가난하게 만드는 요인이 있다는 것은 알지 못했다. 일반적으로 평소에 구조적 원인을 파악하지 못하게 되면, 다른 사람들의 어려움을 볼 때 자신의 경우와는 다르게 그 사람이 못나고 잘못해서 그런 결과를 맞았다고 판단한다. 그래서 같이 힘을 모아야 할 사람들이 정작 서로를 비난하고 믿지 못하는 경우가 생긴다. 예를 들어, 미혼모도 각자가 겪은 것을 토대로 판단해보면 스스로는 사회의 통념인 부도덕이나 철없음과 거리가 멀다는 결론이 많다. 하지만 자신이 미혼모이면서도 다른 미혼모들에 대해서는 사회에서 비난하는 관점으로 바라보는 경우가 많기에 그들과 같은 미혼모로 불리는 것조차 거부하는 경우가 많은 것이다.

사회과학 서클을 통해 나는 구조적 요인을 찾아보는 훈련을 했고, 이것은 대학에서 얻은 가장 값진 것 중의 하나라 생각한다.

해방감

얘기를 들어보면 사람들은 보통 초등학교 동창들이 제일 편하다고 하는데 나는 대학교 때 친구들이 더 편하다. 대학교 다닐 때는 친구들과 비교하거나 경쟁하는 마음이 생기지 않았다. 초중고 시절의 친구들이 비교를 잘하고 경쟁심이 많았다는 말은 아니다. 내가 오히려 경쟁심 많고 승부욕이 컸다. 학교 다닐 때 시험 보는 날이면 긴장해서 시험 마칠 때까지 아무것도 먹지 못했다. 겉으로는 그런 티를 내지 않았지만 뭘 하면 꼭 잘해야 한다는 생각이 내 머릿속을 지배했다. 나는 스포츠에 별로 관심이 없는데 이유를 곰곰이 생각해 보면 애초에 어떻게 해도 잘할 수 없는 분야여서 그랬던 것 같다.

고등학교까지는 어디에서나 1등을 하려고 엄청나게 노력했다. 쏟아지는 졸음을 쫓아내려고 손등을 꼬집어가며 공부했다. 친구들도 나를, 다른 공부 잘하는 아이들과 비교했고 나도 공부 잘하는 다른 친구들을 많이 의식했다. 그래서 나보다 못하는 친구들에게는 공부를 가르쳐주며 잘 지냈지만, 전교 등수가 손에 꼽히는 친구들과는 친하게 지내지 못했다. 등수로 반을 배치하는 방식이라 처음부터 같은 반이 될 수 없었던 점도 있지만 아

사람 속에 함께 걷다

무래도 경쟁자로 의식해서 그랬던 것 같다. 그 친구들과 함께 즐겁게 공부하고 싶은 마음도 있었지만, 적극적으로 다가가지 못했다. 내가 꼭 1등을 해야 한다는 생각 때문에, 그들을 대하는 것이 괜히 부담스럽기도 했다.

당연한 이야기지만 우리의 목표는 1등이 아니라 더불어 행복하게 사는 것이다. 하지만 경쟁을 부추기는 사회에서 우리는 이기는 것과 1등만을 목표로 달려간다. 2등은 아무 의미가 없다고 외치며 무엇을 향해 가는 1등인지도 모른 채 다른 사람을 제치기 위해 달려간다.

다른 사람과 비교하여 끊임없이 자신을 닦달하고 경쟁으로 내모는 것이 우리가 바라는 삶인가? 서로 비교하며 경쟁하여 외로워지지 말고 서로 협력하여 더불어 행복하게 사는 길을 찾아야 한다는 결론으로 인해 그동안 나를 옥죄었던 경쟁심이 사라지는 해방감을 맛보았다.

경쟁이 아니라 협력이 우리를 풍요롭게 만든다.

있는 그대로 인정하기

나 자신을 다른 사람의 상태와 비교하지 않고 있는 그대로 인정하니까 마음이 그렇게 편할 수 없었다. 주변 사람들이 더 좋게 느껴졌고, 친구들도 폭넓게 사귀게 되었다.

당시는 학생운동이 아주 왕성했던 시절이라 사람들을 쉽게 세 부류로 나눌 수 있었다. 학생운동 하는 사람, 안 하는 사람, 중

간 위치에 있는 사람. 대체로 끼리끼리 어울렸지만 나는 학생운
동에 전혀 참여하지 않은 친구들과도 자주 대화를 나누곤 했다.
사람을 그냥 겉으로만 보게 되면 그 사람이 놓여 있는 처지와
생각을 모르기 때문에 제대로 판단할 수 없다. 사람을 있는 그
대로 인정한다는 것은 피상적 판단을 넘어 진실한 대화를 나누
는 것이다.

사람 속에 함께 걷다

세 아이 엄마

인생은 계획한 대로만 살아지는 것이 아니더라

난 결혼은 절대 하지 않을 것 같았다. 그런데 대학교 2학년 때부터 연애하고 서른이 되기 전에 결혼해서 아이도 가졌다. 둘째가 태어날 즈음에 시골의 시부모님과 살림을 합쳤다. 죽을 먹어도 아들과 함께 살고 싶다 하셨다. 셋째가 태어나니 3대가 모인 우리 식구는 일곱 명. 90년대인 당시에도 보기 힘들었던 대가족이 되었다. 어쩌다 만나는 대학 동창들은 깜짝 놀란다. 아이도 낳지 않고 일만 할 것 같았는데 세 명씩이나 낳았다고.

어머님은 병환 때문에 우리와 오래 지내지 못하고 돌아가셨다. 어머님 덕택에 끼니마다 따뜻한 식사를 했는데 남편과 나는 사회 활동하랴 돈 벌랴, 늘 시간에 쫓겨 가족들을 제대로 보살피지 못했다. 아이들은 엄마 아빠가 늘 고팠고 가난한 살림 때문에 하고 싶은 것을 많이 참아야 했다. 아버님도 가끔 다른 집에는 한 명도 없는데 우리 집에는 왜 충신이 두 명이나 있냐고 푸념하셨다.

가난하고 힘든 사람들과 함께 살아가다 보니, 나와 내 가족이 다시 가난하고 힘든 이웃이 되었다. 어려운 이웃의 문제가 내 문제이고 내 자식들의 고통이 우리 사회 젊은이들의 고통이다.

　이 땅에서 이 시대를 살아가는 사람들 모두의 행복을 기원한다. 여전히 더불어 건강하고 행복한 세상을 꿈꾸며.

　　　　　　　　　　　　　　　　사람 속에 함께 걷다

세 아이와 함께 아이들과 노래를 부르며 즐거운 한때를 보내는 중. 큰아이는 초등학교 1학년, 둘째는 네 살, 막내는 돌맞이 전 모습이다. 갑작스럽게 알게 된 어머님의 위암 소식에 힘든 집안 분위기에도 아이들은 웃고 춤추고 노래를 불렀다.

2부

...

더 낮게,
더 뜨겁게

배재국

박영미

인터뷰어 배재국(한국해양대학교 데이터정보학과 교수)
사진 김화연

부산인재평생교육진흥원 420일

- 인평원(부산인재평생교육진흥원, 이하 인평원으로 표기) 원장으로
일하신 지도 이제 1년이 좀 넘은 세월이 흘렀군요. 인평원에서 하는 업
무는 어떤 것인가요?

　인평원에서 하는 일은 첫째, 우리 부산시민이라면 누구나 언
제 어디서나 본인이 원하는 배움을 보장받을 수 있도록 부산에
평생교육의 강좌와 수강의 기회를 풍부하게 만드는 거죠. 둘째,
평생교육과 인재육성을 동시에 맡고 있는 우리 인평원은 부산
에 있는 대학들이 학생들을 부산 지역과 대한민국이, 또 세계가
필요로 하는 인재로 잘 교육할 수 있도록 뒷받침하는 역할을 하
고 있습니다. 그런데 대학은 대학들끼리 왕왕 경쟁하는 관계이
기 때문에 서로 협력할 필요가 있어도 그런 협력이 원활하게 이
뤄지지 못하는 경우가 있습니다. 그래서 부산시와 인평원이 그
사이에서 윤활유나 접착제 같은 역할을 해서 서로 협력이 잘 이
루어질 수 있도록 돕기도 하고 공동사업을 벌이기도 합니다. 우
리 기관은 우선 평생교육법과 부산시 평생교육진흥조례에 입각
한 평생교육진흥원의 역할과 동시에 지방대학 및 지역균형인재

육성에 관한 법과 부산시 조례에 의한 지역인재육성 협의회 사무국 역할의 두 가지 기능으로 만들어졌습니다. 중점적인 역할은 평생교육의 활성화이고 보조적 역할로서 대학을 지원하고 있습니다.

– 일반적으로 초중고 및 대학 학생들은 수업을 들어야 해서 인평원 프로그램에 참여하기가 어려우니까, 졸업한 이후의 직장인이라든가 노인분들을 대상으로 교육이 이루어지는 건가요?

현재로서는 그렇습니다. 우리나라의 교육체계는 우선 헌법에서 평생 교육받을 권리를 보장하고 있고 그 밑에 교육기본법이 있습니다. 교육기본법에는 세 가지 교육관련법이 있는데 하나는 초중고 교육에 대한 초중등교육법이고, 다음으로 대학교육을 관장하는 고등교육법이 있죠. 마지막으로 평생교육법이 있는데 이는 방금 말씀하신 대로 이미 대학을 졸업한 성인들을 대상으로 하고 있습니다.

성인들을 위한 평생교육은 6대 영역으로 나뉩니다. 먼저 여러 가지 이유로 예전에 정상적인 학교 교육을 받지 못하신 분들을 대상으로 한 교육이 있는데, 학력보완교육이라고 할 수 있죠. 검정고시라든지 방송통신대, 이런 것이 다 여기에 해당합니다. 그리고 두 번째로는 문해교육이 있습니다. 오늘날은 문해의 범위를 상당히 넓게 잡습니다. 예전에는 주로 한글을 모르는 사람을 대상으로 문해교육이 이루어졌지만, 요즘은 영어를 섞어 사용하

사람 속에 함께 걷다

는 경우가 많아 상용 영어도 가르치고, 정부에 복지급여를 신청할 때 편리하게 스마트폰, 인터넷 사용법을 익히는 것까지 확대되었죠. 문해교육은 그 외 기본적인 사회 활동에 필요한 수준에 미치지 못하는 무지 현상을 깨우치는 것을 의미합니다. 그래서 문해교육은 사회의 문명적, 문화적 발전에 따라 계속 확장될 것으로 생각하죠. 최근에 우리 진흥원에서도 문학체육관광부, 국가평생교육진흥원과 함께 미디어 문해교육을 했었거든요. 노인들을 대상으로 스마트폰 사용법이라든가 자기 이야기를 유튜브로 만들어 올리는 방법이라든가 미디어 민주주의의 이해 같은 것을 교육했습니다. 사실 이런 일은 노인에게만 국한된 문제가 아니에요. 예를 들어 내가 어떤 일을 하는데 인터넷이나 스마트폰 앱을 사용하면 훨씬 편리하게 할 수 있는데도 그 방법을 잘 모르거나 불편해서 아날로그 방식으로 하고 있다면 나는 그 방면에는 비문해인 거예요. 그럼 그 교육을 받아야 할 필요가 있겠죠. 요즘 젊은이들은 자기 일상사를 찍어서 유튜브에 잘 올리잖아요. 반면, 우리는 공유하고 싶은 좋은 내용의 경험과 지식이 있어 강연은 할 수 있어도 유튜브 제작을 통한 공유와 전파는 못 하지 않습니까? 그러면 우리도 그 영역에서 비문해라고 할 수 있는 거죠.

– 듣고 보니 참, 세월이 흐르면서 비문해에 해당하는 영역도 점점 늘어나는 것 같습니다. 평생교육은 그 외 또 어떤 것들이 있습니까?

셋째, 문화예술교육입니다. 많은 사람들이 평생교육이라고 하면 문화예술교육이라 생각할 정도로 주민센터, 평생학습관, 민간기관에서 관련된 교육을 많이 합니다. 넷째, 철학, 인문학, 어학, 컴퓨터 교육 등은 인문교양교육에 들어갑니다. 평생교육의 또 하나 중요한 분야가 직업교육입니다. 직업교육이 우리나라와 외국의 평생교육을 비교했을 때 크게 다른 점이에요. 외국은 직업교육이 평생교육에서 가장 중요한 위치를 차지하고 있습니다. 그런데 우리나라에서는 평생교육에서 직업교육은 비중도 작을 뿐 아니라 별다른 큰 의미를 가지지 못하고 있습니다. 그 이유는 우리나라에서 이 분야의 교육은 이원화되어 있고 평생교육기관은 상관 없는 것으로 인식되어 있기 때문입니다. 직업교육은 교육부가 담당하고, 직업훈련은 노동부가 담당하며, 교육부에서 관할하는 직업교육은 대체로 대학에서 진행합니다. 대학을 나온 후 직장을 다니다가 그 직장이 마음에 안 들어서 이직을 하려고 할 때 필요한 교육을 다른 나라에서는 평생교육원에서 담당하는데 우리나라는 노동부에서 담당합니다. 또 예전에 배운 지식이, 세월이 흘러 낡은 것이 되었을 때 그것을 보충하는 것을 향상교육이라고 하는데 이 향상교육도 노동부에서 관할하거든요. 그래서 평생교육기관에서는 직업교육과 관련된 교육을 대체로 하지 않는 편입니다. 부분적으로는 대학의 평생교육원이라든지 또 우리 진흥원에서는 시민대학에서 직업과 관련한 인문교육을 다루기도 하지만, 본격적인 직업교육이나 직업훈련은 기존의 평생교육 기관에서도 잘 다루지 않고, 평생교육진흥원에서

사람 속에 함께 걷다

도 마찬가지입니다.

다음으로 우리가 미흡한 분야는 시민교육입니다. 민주주의 사회니까 당연히 시민들이 자기 삶의 주인일 뿐만 아니라 나라와 사회의 공동주인이잖아요. 공동주인이라면 공동의 이익을 위해 자신이 속한 기초지자체나 광역지자체 또는 국가 단위에서 주인으로 활동해야 하지 않겠습니까? 공동주인으로서의 활동과 함께 공동체의 시민으로서 지켜야 할 여러 가지 의무와 규범들이 있죠. 한 사람 한 사람이 다 주인이기 때문에 각 개인은 자기의 생각과 의견을 자유롭게 이야기할 수 있어야 하고 또 각 개인의 취향과 경험 다 존중받아야 하잖아요. 서로 다른 동시에 의견과 견해들을 수렴하여 합의를 이루어 내어야 하는 거죠. 이런 과정들이 원활하지 않으면 그 사회는 갈등이 깊어지고 차별도 심해지면서 극단적으로는 상호 간의 폭력이 일어날 가능성이 증가하게 됩니다. 그래서 민주적 합의를 이루는 시민들의 역량을 높이기 위한 시민교육, 같은 공동체의 구성원으로서 화목하게 잘 살아가기 위한 시민교육이 굉장히 필요해지는 것입니다. 그런데 우리나라에서는 이렇게 필수적인 시민교육이 너무나 미흡했어요. 2008년 평생교육법이 만들어지고 시민교육이 평생교육 6대 영역 중의 하나로 자리매김하면서도 크게 활성화가 되지 않았죠. 그러나 이번에 민주시민교육에 관한 법이 만들어지고 부산에서도 2019년 1월에 민주시민교육에 관한 지원조례가 통과되었거든요. 그래서 우리 인평원에서도 이 민주시민교육 지원 조례를 실현하기 위해서 내년부터 민주시민교육센터가 만들어져서 우리 부산시민들의 역량을 높이는 데 크게 기여하게 될 것입니다.

- 인평원에 400여 일 근무하면서 어떤 일을 하셨고, 보람 있게 생각하는 일에는 어떤 것이 있습니까?

처음 인평원 원장에 지원서를 낼 때, 인평원에 대해서 미리 살펴보았습니다. 인평원의 중장기발전계획도 보고 평생교육법도 보고 국가평생교육진흥원에서 나온 여러 가지 자료와 평생교육의 이제까지 걸어온 길, 미래 전망 등을 모두 살펴보았습니다. 그런데 이런 자료만 중요한 것이 아니라 몇 년간 그 일을 해온 사람들의 이야기도 들어봐야겠다는 생각이 들더라고요. 그래서 원장 취임 후 직원들과 함께 '평생인재육성교육에 대한 전망을 어떻게 보고 있는가'라는 주제로 워크숍을 진행했습니다. 이어서 그러한 전망 속에서 우리 기관이 해야 할 역할에 관한 것, 그러한 역할 수행에 있어서 필요한 부분과 모자라는 부분을 주제로 하는 워크숍, 그리고 운영의 어려운 점과 시스템으로 뒷받침해야 할 점에 관한 워크숍 등 전체적으로 계산을 해보니 대충 8시간씩 3일 정도를 한 셈이더라고요. 그렇게 하고 나니까 저도 현재 인평원이 어떤 상태인가 하는 것들을 좀 더 잘 알게 되었고요, 우리 직원들도 그런 이야기를 같이 나누었기 때문에 좀 더 전체적으로 보는 시야를 갖게 된 측면이 있었죠. 그래서 그것을 바탕으로 우리가 어떤 일들을 핵심적으로 수행해야 하는가 하

사람 속에 함께 걷다

인평원 포럼 부산인재평생교육진흥원이 수최한 제1회 인평원 포럼으로, 일종의 CEO들을 위한 평생교육 프로그램. 서울에서 열리는 다른 CEO포럼처럼 참가자들의 회비만으로 운영하는 것이 목표다. CEO들이 먼저 공부해야 직원들도 공부한다.

는 목표설정과 조직 체계 개편을 했습니다. 제가 일단 그건 잘 했던 것 같아요.

우리 인평원의 직무를 팀제로 편성해서 팀별 논의와 팀별 실천을 강화하고자 했는데, 생각처럼 잘되지 않았습니다. 근무평정이 개인별로 이뤄지기 때문에 그에 대한 수정 없이 사업만 팀별로 할 수가 없어요. 사업을 단위별로 분할해서 각 사람에게 분담하면 평가도 그 당사자가 한 일에 대한 것으로 분명해지는데 팀별로 업무가 진행되면 평가도 팀별로 하게 된다는 거죠. 잘해서 칭찬을 받아도 팀 전체가 받고 잘못해서 나무람을 받아도 팀 전체가 받는단 말이에요. 그러면 각 팀원 개인에게는 격려와 자극, 또는 징계와 교정이 불분명해져서 최선을 다해 업무를 잘하려고 하는 의욕과 동기부여가 약화되는 거죠. 그래서 정확하고 합리적인 평가 시스템이 꼭 필요한데, 제가 거기까지는 시간적 한계가 있더라고요.

– 사실 자본주의가 사회주의에 대해 비교 우위를 차지하게 된 배경도 인간에게 불러일으키는 의욕과 동기부여의 측면이 아니겠습니까? 어떤 사업이나 업무에 있어서 평가라는 것도 거의 그것과 비슷한 역할을 하는군요?

그렇습니다. 지금 전 세계적으로 생산력의 증진이란 측면에서 협동과 협력이 정말 중요하고 생산성 향상의 핵심 요인으로 인정하고 있거든요. 그런데도 실제 업무 현실을 보면 평가 시스

사람 속에 함께 걷다

템의 불합리성이 협력을 방해하고 있어요. 예를 들면, 제가 깜짝 놀랐던 게, 작년 12월쯤 평생교육주간 행사가 있었어요. 그게 우리 인평원과 구군의 평생학습관들, 기타 부산의 다른 평생교육 기관들이 함께하는 행사예요. 평생교육 업무에 종사했던 모든 사람들을 대상으로 지난 1년간 고생했다고 위로하고 격려하며 교육 대상 등에 관한 시상도 하는 등 여러 가지 프로그램을 진행하는 행사입니다. 이 행사를 준비할 때 보통 상식적으로 생각하면, 관련된 사람들을 같이 모아서 행사를 어떻게 할 것인가 논의를 합니다. 한 해의 평생교육을 마무리하는 날이니까 '2018년도 평생교육 10대 키워드'도 같이 모아보고, '올해 평생교육의 가장 큰 성과가 뭐라고 생각하느냐?' 같은 의견도 나눌 겁니다. 부산 평생교육의 과제가 무엇이며, 다음 해에도 이를 잘 수행하기 위해서 무엇을 좀 더 강조할 것인가 등을 고민할 겁니다. 또한 행사를 잘 구현하기 위해서 어떤 형식으로 진행할지 등에 관한 논의도 하지 않겠습니까? 그런데 구군, 민간과 대학 평생교육원의 담당자들이 모여서 머리를 맞대고 계획을 세워야 할 텐데, 그냥 인평원의 담당자 한 냉이 혼자서 모든 행사 계획을 작성해서 추진하고 있더라고요. 그 내용이 너무 부실해요. 부실할 수밖에 없죠. 그 많은 사업들이 그런 식으로 담당자 혼자서 작성한 것을 팀장이나 부장한테 올리고 부장은 원장에게 올려서 결재를 받는 방식으로 진행된 거죠.

저는 우리 사회의 많은 부분은 평가제도를 어떻게 개선하느냐에 따라서 획기적으로 바꿀 수 있다고 생각합니다. 왜냐하면 사람들은 다 자기가 열심히 노력한 것에 대해서 좋은 평가를 받고 싶어 하거든요. 그런 평가가 토대가 되어서 자기가 원하는 일을 계속할 수도 있고 또 합당한 지위도 얻을 수 있잖아요. 조직이 원활하고 생기 있게 움직일 수 있도록 평가제도를 연구해서 더욱 발전시킬 수 있어야 합니다. 평가는 공정해야 하지만 공정에만 초점을 맞추면 문제가 생길 수가 있죠. 예를 들면, 1등부터 꼴찌까지 줄 세우는 식의 평가도 공정의 관점에서만 보면 정당하다고 할 수 있거든요. 그러나 각자가 처한 조건과 상황이라는 게 있기 때문에, 형평성을 고려해야 합니다. 그래서 결과만의 공정이 아니라, 결과적으로 공정하게 해야 하는 거죠. 그러니까 대학입시 같은 데서도 항상 중요한 문제가 공정성과 형평성을 어떻게 잘 조화시킬 것인가 하는 거잖아요? 우리 사회가 공공기관이나 조직의 발전을 통해 성장하기 위해서는 이러한 평가제도의 개선과 발전이 아주 중요한 문제라고 생각해요.

– 원장으로 일하다 보면 아무래도 대외적인 업무도 많으실 텐데 그런 일들이 힘들진 않으셨는지요?

저는 일은 힘들지 않습니다. 일하는 것을 좋아합니다. 새로운 일은 더 좋아합니다. 대외적인 업무나 내부 업무나 우리 기관에다 필요한 일이기 때문에 필요한 일이라면 해야죠. 제가 인평원원장으로서 보람 있었던 두 번째 일은 평생교육의 중요성과 함께 우리 기관을 많이 알린 것입니다. 평생교육 및 인재육성과 관

사람 속에 함께 걷다

련되는 기관, 단체와 네트워킹을 적극적으로 했습니다.

인재육성 지원에서는 대학들이 주체로서 서로 협력하고 연계할 수 있도록 저희들이 도와주는 역할을 하는 거잖아요. 그런 일이 원활하도록 저는 임기 초에 대학 총장님들을 가능한 한 많이 방문했습니다. 개별적으로 방문해서 대학의 사정도 듣고 또 앞으로 대학의 향방과 대학을 둘러싼 환경, 그리고 부산시나 인평원이 어떻게 협조해주면 좋을지 등의 이야기들을 많이 들었습니다.

한편으로 대학의 인재육성과 타 대학들과의 연계 협력과 관련해서 우리 인평원이 윤활유나 접착제 역할을 하고 싶다는 이야기도 잘 전했습니다. 그런 활동이 실질적인 사업으로 당장 나타나진 않더라도 부산시와 총장님들이 참여하는 회의가 훨씬 활성화되는 효과는 있었습니다. 대학을 자주 방문하여 총장님들의 얼굴 보고 이야기하는 기회를 많이 가지니까 총장님들도 어떤 경우엔 "원장님 얼굴 봐서라도 가겠다."라는 말씀도 하시고요. 회의할 때도 서로 잘 아니까 훨씬 소통이 원활해지는 측면이 있었습니다.

우리 인평원이 부산의 평생교육을 활성화하고 진흥시키는 역할을 하고 있지만 사실 평생교육 프로그램을 운영하는 것은 대부분 구·군의 평생학습관이라든가, 대학의 평생교육원, 또는 민간에서 하고 있어요. 그래서 이런 기관이나 센터와의 연계와 지원 협력이 중요한 일입니다. 구·군의 평생학습관과 거기를 관장하는 구·군의 평생학습과는 부산시와 함께 정기적인 회합이 있어서 기본적인 네트워킹은 갖추어져 있는데, 대학의 평생교육원은 1년에 한두 번 만나는 일정은 있지만, 연계가 부실한 편이었죠. 평생교육에 종사하는 다양한 민간 부분에 대해서는 간담회나 협약도 없고 네트워킹이 전혀 안 되어 있더라고요. 그밖에도 연계가 미흡한 평생학습 서클 등을 적극적으로 찾아서 만나고 간담회를 진행하는 등, 우리 인평원이 어쨌든 부산의 평생교육과 인재육성 허브로서 모든 관련 정보와 실태를 장악하려고 노력했습니다.

부산인재평생교육진흥원장으로 일하며 보람있었던 세 번째는 시민대학을 신설해서 운영한 것입니다.

– 시민대학은 민간 시민단체에서도 많이 하고 있지 않나요?

맞습니다. 시민대학은 서울에도 있고 대전에도 있고, 독일 같은 외국에는 시민대학이 많이 있습니다. 평생교육에 있어서도 유용하지만, 부산의 평생학습 생태계를 풍요롭게 구축하는 데 보다 유용한 도구로 시민대학을 선택한 것이죠. 그런데 일부에서는 왜 인평원이 직접 사업을 하느냐는 의문을 제기했어요. 제가 인평원 원장을 하면서 제일 많이 부딪히는 부분이 하나는 정체성 문제였고, 그다음은 인평원이 컨트롤타워 역할을 해야지 왜 직접 사업을 수행하느냐는 것이었습니다.

사실 평생교육을 진흥하려면 사용할 수 있는 모든 수단을 다

사람 속에 함께 걷다

사용해야 합니다. 그래서 평생교육법에도 평생교육진흥원이 직접 사업을 수행할 수 있게 해 놓았습니다. 평생교육을 진흥하기 위해 연구가 필요하면 연구를 하고, 정책 개발이 필요하면 정책 개발을 하고, 직접 교육이든 지원이든 네트워킹이든 진흥에 필요한 수단은 다 사용할 수 있어야지 공연히 금지 영역을 설정할 필요가 없는 거죠. 예를 들어 서울 50플러스재단의 경우에는 스스로 서울 50플러스 사업의 컨트롤타워라고 명명하면서도 그 50플러스 캠퍼스 6개를 직접 운영할 뿐 아니라 25개 구 중에서 19개 구에서 50플러스 사업을 직접 수행하고 있어요. 그래서 거기는 직접 사업수행이 아주 많습니다. 컨트롤타워 역할을 하는 데 있어서 지금 단계에서는 직접 사업이 많이 필요하다고 생각하기 때문이겠죠.

우리도 마찬가지로 지원이 가장 필요할 때는 지원을 중점적으로 하고 연구가 많이 필요할 때 연구를 하면서, 시민대학의 운영을 통해 부산의 평생학습생태계를 전체적으로 파악하고 변화시킬 고리를 찾아내자는 취지였거든요. 일단은 시민대학을 운영하려면 우선 대학의 평생교육원이나 구·군에 평생학습관 그리고 백화점 문화센터를 비롯한 시민 교육을 많이 하는 시민단체와의 중복을 피해야 합니다. 그럼 어떤 교육프로그램을 수행하는지 조사할 수밖에 없죠. 사실 우리 인평원에서는 매우 정밀한 조사를 했어요. 조사해 보니 부산에서 1년간 평생교육 차원으로 이루어지는 강좌는 8천여 개였어요. 그 모든 강좌를 6대

영역별로 상·중·하 또는 초·중·고급으로 나누어 보았습니다. 그리고 강좌가 주간, 야간, 주말, 평일 등 어느 시간대에 많은지, 교육비는 어느 정도인지, 또 지역별로 어떤 강좌가 어디에 많이 편중되어 있는지, 어디는 잘 되고 어디는 잘 안 되는지 등 세밀하게 알게 되었습니다. 이 조사를 통해서 우리가 운영하는 부산시민대학은, 읍면동 구군 단위에서 거의 하지 않고 있는 새로운 교육을 대학 수준의 고급과정으로 개설하자고 의견을 모았죠. 그리고 직장인을 배려하여 야간이나 주말에 강좌를 열고 가능한 한 직업 자격증 등 주로 직업교육과 연관된 교육을 다루기로 설정하고 프로그램을 진행했습니다. 비록 50여 개에 가까운 강좌에 수강자는 천 명에 조금 못 미쳤지만, 상당히 좋은 반응을 일으켰습니다. 앞으로 2~3년 더 이 사업을 진행하면 향후 이 사업의 존속 여부를 판단할 자료를 얻게 되겠지만, 저는 부산시민대학이 부산의 평생학습 생태계를 풍요롭게 하는 데에 일정한 역할을 했다고 봅니다. 어쨌든 시민대학은 '인평원이 왜 직접 사업을 수행하느냐?' 하는 비난에도 불구하고 저는 아주 잘한 사업이라고 생각합니다.

네 번째로는 인평원의 목적인 인재육성과 평생교육 사이에 놓인 약간은 이질적인 거리를 좁히고 융화를 이루는 데에 많은 노력을 기울였습니다. 사실은 지금 우리 사회가 굉장히 빠르게 변화하고 있기 때문에 인재육성과 평생교육 사이의 벽은 허물어질 수밖에 없는 상황을 맞고 있어요. 그런데도 지금까지 인평원이

나 대학에서 인재육성 관련 일을 하는 사람들은 인재육성과 평생교육은 전혀 다른 것이라 생각해서 모종의 벽을 갖고 있었다고 볼 수 있거든요. 우리 인평원은 메이커 활성화 사업을 2015년부터 해오고 있어요. 메이커는 만드는 사람들입니다. 예전에는 뭔가를 만드는 사람들, 목수도 있고 대장장이도 있고 엔지니어, 조각가, 공예가 등이 굉장히 많았잖아요. 그런 사람들이 각자 자기 일을 잘하는 메이커가 되려면, 분야에서 수업을 받고 오랜 훈련과 수련의 시간이 걸리는 거죠. 그런데 메이커에서는, 그 디지털 도구들, 우리가 흔히 말하는 3D 프린터, 또 레이저 커터 등 이런 도구들의 도움으로 상상하는 것을 컴퓨터에서 디자인하면 바로 제작할 수 있게 된다는 거예요. 그래서 초등학생이 그 원리를 배우고 다시 디지털 도구의 도움을 받아 8시간 만에 자전거를 만드는, 이런 세상인 거죠. 지난번에 메이커 운동의 선구자인 미국의 마크 해치라는 분이 와서 메이커에서는 도자기와 유리를 제외하고는 뭐든 다 만들 수 있다고 이야기하더라고요. 그런데 우리나라에서 이 메이커 교육을 담당한 부서가 어디냐 하면 창의인재부였어요. 대학의 인재육성을 지원하는 업무를 도맡아서 했죠. 당연히 이 교육은 대상을 대학생, 청년들로 예상하고 만들었어요.

그런데 막상 이 교육이 공개되니까 은퇴하신 분들도 많이 와서 교육을 받는 거죠. 물론 청년들이 더 많지만 대략 오분의 일 정도는 어르신들이 참여해서 교육 받고 또 청년들 역시 대학생도 있지만 이미 대학을 졸업한 졸업생도 있더라는 거죠. 어르신들을 비롯해서 대학을 졸업한 사람들의 교육 영역은 평생교육원이 담당하잖아요. 사실 저도 인평원 원장이 되기 전엔 메이커를 전혀 몰랐어요. 근데 우리 인평원에서 운영하는, 전포동에 있는 메이커 스튜디오에 가서 한번 견학을 해보니까 두 가지가 느껴지더라고요. 먼저 '아, 4차 산업혁명이라는 게 이렇게 다가오는구나.' 하는 거였어요. 디지털 도구가 비싸니까 메이커 스페이스에 이런 도구들을 구비해서 사용자들을 확산해 가니까 그저 견학만 해도 세상이 어떻게 바뀌어 간다는 걸 느낄 수 있었어요. 그러면서 나도 4차 산업혁명을 준비해야겠구나, 하는 생각이 들었죠. 또 하나는 일상생활에서 자기에게 당장 필요한 무언가를 직접 만드는 일, 만들어 쓰는 일이 가진 효용성이라고 할 수 있겠는데요. 우리 인간을 '호모 파베르' 즉 도구의 인간이라고 하잖아요. 인간은 도구를 사용해서 무언가를 만드는 것이 거의 본성이라는 거죠. '그런 본성을 살리는 것이 참 좋구나. 자본주의의 폐해로 점점 파편화되어 가는 인류에게 4차 산업혁명 시대가 오히려 인간 자체의 본성을 자극해서, 하나의 부속품이 아니라, 어떤 과정 전체를 관장하는 주체, 그 주체성을 향상시켜 주는구나.' 하는 생각이었죠. 그래서 이 메이커 교육은 평생교육으로 모든 사람들이 다 받았으면 좋겠다 싶었어요. 그런데 정작 창의인재부에서도 그렇고 평생교육부에서도 이 사업은 인재육성 사업으로만 인식하는 거예요. 그래서 저는 이 메이커를 평생교육의 한 분야로 삼고 부산에서는 모든 시민들을 대상으로 한 평생교육으로 공급하자고 생각한 거죠. 이렇게 함으로써 인재육성과 평생교육 사이에 하나의 벽이 허물어지는 겁니다.

또, 이번에 '빛나는 청년 프로젝트'를 실행했어요. 이전에도 같은 이름의 프로젝트가 있긴 했지만 이번에 청년 파트에서 실행했던 건 청년들이 사회문제 해결에 뛰어들어 보는 것이었어요. 청년들이 볼 때 해결되어야 할 사회문제라고 생각하는 것들, 청년들에게 관련된 문제일 수도 있고 아닐 수도 있는, 그런 문제를 대여섯 명 정도가 계획을 세워서 신청하는 것이죠. 그래서 공모에 선정되면 그 문제 해결에 필요한 재원을 우리가 지원하고, 또 부분적으로 필요하면 컨설팅을 지원하는 방식인데, 이런 과정을 통해 우리가 7팀 정도를 선정했습니다. 이전까지 이런 창의인재 교육 프로젝트는 공학, 직업 관련으로 진행되었던 것인데 이제 사회문제를 해결하는 쪽으로 방향전환을 해본 거죠. 그러면 이런 과제는 말하자면 평생교육의 시민교육과 맞닿는 부분이 있잖아요. 시민이 이 사회의 구성원으로서 공동체가 안고 있는 문제를 해결하는 능력을 갖춰 나가는 것을 시민교육이라고 한단 말이죠. 그럼 이건 시민교육 영역에 속하게 되는 겁니다. 이렇게 해서 인재육성과 평생교육이 또 한 번 어울리게 되는 것이죠.

다른 하나는, 최근에 있었던 일입니다. 대학의 평생교육원은 이제까지 대학생이나 졸업생을 대상으로 하는 것이 아니고, 주로 지역사회의 은퇴하신 분들이나 주부들을 대상으로 평생교육을 진행했거든요. 문화예술이나 인문교양 그리고 일부 직업교육 이런 것들을 수행했는데 이제 대학에서 평생교육체제를 운용하면서 선 취업 후 학습 등 성인의 대학교육에 대한 지원을 강화하고 있어요. 그래서 마이스터고를 졸업하고 3년 이상 직장을 다닌 사람들이나 30세가 넘은 직장인들은 무시험전형으로 대학에 들어올 수가 있도록 만들었죠.

보통 대학들이 미래융합대학이라고 하는 건데, 전체 사업으로는 평생교육대학 평생교육체제 사업이라고 하거든요. 여기의 목적은 현재 직장에 다니고 있는 사람들이 자기 분야에서 기술향상을 더 잘할 수 있도록 대학이 일부 평생교육을 지원하는 거예요. 이건 기본적인 평생교육이 대학에 깊숙이 들어오는 거잖아요. 그러면 이 교육을 누가 담당할까요? 대학의 인재육성팀이 담당해도 그 내용은 평생교육과 관련된 거잖아요. 어쨌든 이번에 부산에서 여섯 개 대학이 평생교육체제 지원사업을 해요. 그래서 부산시와 인평원이 적극적으로 결합해서 그 대학의 평생교육체제 지원사업이 성공적으로 수행될 수 있도록 돕고, 또 그 대학들도 부산의 평생교육 강화 활성화에 기여하는 상호 협력 방안에 서로 합의를 했습니다. 이런 형태로 구체적 사업 단위에서 인재육성과 평생교육의 벽이 조금씩 허물어지는 것을 볼 수 있죠. 그런 기회를 잘 포착함으로써 내용적으로 평생교육과 인재육성의 융합을 도모할 수 있었다고 생각합니다. 말하자면 이제는 인재육성이라고 하는 것도 초·중·고·대에만 국한되지 않

사람 속에 함께 걷다

고 평생교육 차원에서도 인재육성이 이루어지고 있는 거죠. 그리고 또 하나 저는 인평원의 인사에 있어서도 인재육성팀의 일원을 평생교육팀장으로 배치하는 등 이런 일련의 기회와 사업을 통해 인재육성과 평생교육의 융화에 나름대로 기여하고자 노력했다고 생각합니다.

교육이 미래다

- 교육문제에 관심이 큰데, 어떤 계기가 있었나요?

　교육에 대해서 이렇게 생각했어요. 우리 아이를 낳았죠. 아이를 낳아보니까 출산이라는 것은 엄청난 일이더라고요. 감격했고, 내가 자랐던 것처럼 우리 아이도 자랄 거잖아요. 당시만 해도 많은 여성들이 결혼만 하면 '여성으로서 내 성장은 끝이다.'라고 많이 생각하는 시기였어요. 저는 우리 아이가 성장하는 만큼 나도 성장해야겠다는 생각을 했습니다. 아이를 키우면서, 고민하고 고통을 겪었지만, 이것저것 벌여놓은 일을 해가면서.
　비록 어려움이 많았고, 욕심만큼 충분히 보살피지는 못했지만, 아이들을 키우는 것과 여성운동 조직 속에서 사람들을 키우는 것을 병행하면서 많은 시사점을 얻었어요. 그때 제가 그런 말을 많이 했는데, "그냥 평범한 사람들은 아이 낳고 기르면서 좀 사람이 되어가는 것 같다."고요.

- 아이를 키우면서 교육문제가 자신의 문제로 연결된 거네요.

네, 또 하나 남성들도 육아체험을 다 해봐야 한다, 이런 생각을 하고 관련된 글도 썼습니다. 아이를 키우는 경험이 있는 여성들을 다른 사회 경제활동에서 배제하고, 가정에만 묶어두는 건 국가적으로 큰 손실이다. 그런 이야기를 많이 했었고, 지금도 변함이 없습니다. 그래서 노동권과 부모권을 얘기하는 거죠. 결국 부모로서도 나는 일을 하는 거잖아요. 사랑하는 것도 일이고, 보살피는 것도 일이고, 그런 부모로서의 일과 또 다른 사회적으로서의 일, 이런 것들이 섞이는 거죠.

그래서 저는 노동권과 부모권을 중시해요. 부모로서 아이를 사랑하고 보살피는 것도 다른 사회적인 일과 마찬가지로 중요한 일입니다. 우리 사회, 우리 공동체의 일이라는 것도 크게 보면 다 같이 아이들을 먹이고, 입히고, 교육하는 거잖아요. 그 아이들이 성인이 되어 일자리를 갖고, 어르신들을 보살피고, 함께 즐겁게 어울려 놀고, 그리고 이런 모든 일을 같이 의논하는 것, 이런 게 우리 사회와 공동체의 일이고 국가가 해야 하는 일입니다. 각 가정이 일일이 해나가기 힘드니까 지역사회, 더 크게는 나라 전체가 힘을 합쳐서 해야 하는 거죠.

– 육아의 경험을 통해 국가, 곧 공동체 전체의 삶을 조망하는 견해가 참 새롭군요. 그런데 말씀 중 부모권이라는 말이 생소하게 들립니다.

부모권은 아이에게 신체적, 정신적, 사회적으로 보살핌을 제공해 줄 수 있는 책임을 다할 수 있는 충분한 시간과 기본적인 경제활동을 할 수 있는 상황 등을 말하죠. 그 부모권을 실현해 나가는 과정에서 성장을 하게 된다고 봅니다. 일하면서 배우게 되고 성장하게 되는 거잖아요. 또 일하면서 우리가 동료애를 느끼고, 일하면서 새로운 걸 깨닫는 것처럼 아이를 키우면서 기쁨을 느끼고, 아이를 부부와 또 다른 형제, 이웃이 함께 키우면서 관계를 맺고 이런 것들이 중요하다는 거죠. 노동권과 함께 부모권을 보장받아야 한다는 것을 생각했어요. 아이를 키우는 것은 여성만의 일이 아니라 모든 사람들이 함께 해야 하고 할 수 있어야 한다, 또 혼자 살고, 아이를 낳지 않고 살더라도 다른 사회적 차원에서 공동체적으로 참여해서 기여해야 한다는 거죠. 교사를 하는 경우도 있고, 아이들이 안 다치도록 공원을 잘 만들고 그런 일을 하시는 분들은 그렇게 기여를 하는 것이죠.

– 영유아기 보육은 어떤 제도가 필요한가요?

보육시스템이 잘 되어 있는 나라는 젖먹이 때부터 육아 휴직을 줍니다. 아이들은 만 2세가 되면 독립하려고 하거든요. 이때는 지역사회에 있는 어린이집에 보내는 것이 좋아요. 그 아이들이 있는 집 근처에서 지역에서 어린이집을 가는 것이 추세예요. 육아휴직하는 동안 엄마나 아빠나 혼자서 키우는 것이 아니라 하루에 한 시간 내지 두 시간씩 어린이집 같은 곳에서 같이 모이는 시간을 가지고, 다른 아이들과 같이 교류를 하죠. 할머니나 아빠들이 육아에 대한 정보도 얻는 영유아 보육센터가 있는 거예요.

아이를 무조건 엄마가 키워야 해, 이러면 안 되죠. 엄마가 키울 수도 있고, 엄마가 직장에 다니고 아빠가 키울 수도 있고, 엄마 아빠가 모두 직장에 다니면서 돌아가며 육아 휴직을 할 수도 있고요. 저는 가급적 만 2세까지는 다른 사람에게 맡기지 않고 부모가 아이를 키우는 게 좋다고 생각해요. 고립된 육아가 되지 않도록 지역사회에서 육아 중인 사람들이 만나면서 정보도 얻고 서로 교류할 수 있는 육아지원센터를 활용하는 것이 좋죠.

만 2세부터 4세까지는 아이들이 친구들과 즐겁게 놀고 싶어 하는 시간만큼만 어린이집에서 보내게 하면 좋겠습니다. 그것이 평균 근무시간인 8시간과 부모의 통근시간을 더한 시간에 못 미친다면 부모들이 단축 근무를 할 수 있어야 해요. 그래야 아이도 행복하고 부모도 행복합니다. 사회공동체가 함께 육아를 하면 그 아이들이 자라서 사회에 공헌할 확률이 아주 높습니다. 훨씬 효율적이고 이익이죠.

육아에 대해서 부모와 정부, 기업이 함께 책임진다는 생각이 중요합니다. 하지만 아직도 당장의 이익만 생각하는 기업이 많은 것 같습니다.

– 자본주의적 논리로 인간을 존중하지 않는 거죠?

인간을 고유한 존재가 아니라 항상 대체될 수 있는 존재로 보니, 인간은 부품화되고 파편화되는 삶을 살아가는 거예요. 함께 살아가는 사회가 아니죠. 당연히 인간들 사이의 갈등도 무척 심해집니다. 우리나라의 기형적 사회 시스템이 그렇게 만들었어요. 과거에는 다른 나라 사람들을 개인주의적이라고 했는데, 지금은 그런 나라들이 우리보다 공동체성이 훨씬 높아요. 지금도 기득권자들과 자본과 기업의 요구는 계속 사회를 파편화시키고 있어요. 공동체성을 회복하려는 노력을 크게 하지 않으면, 파편화의 흐름을 막을 수 없죠. 우리가 90년대 중반부터 마을공동체를 만들어가는 노력을 시작했지만, 그것보다는 파편화의 속도가 훨씬 압도적입니다. 기업들은 사람들의 삶이 파편화되는 현상조차 새로운 이익을 만드는 데 활용하고 있죠. 삶이 파편화된 도시노동자들에게 도시락을 만들어 팔잖아요. 한 끼 제공하는 밥조차 마을식당에서 만드는 것이 아니라 편의점 도시락을 이용하는 시스템으로 가잖아요. 여기에 대항하는 힘이 반드시 필요한 거죠.

어떤 사회문제가 생겼을 때 그 문제를 삶의 파편화의 방향에서 해결할 것인가, 공동체성을 회복하는 방향으로 해결할 것인가까지 보고 해결책을 정해야 합니다. 언제나 길은 다양하게 있어요. 선택권은 우리들에게 있습니다. 그런데 이것을 어쩔 수 없는 대세로 받아들이고 적응하려는 사람들이 많은데 그건 결코 미래지향적일 수 없어요. 특히 정답이 정해진 시험에 익숙한 사람들이 대부분 그렇죠. 그러나 답은 정해져 있지 않습니다. 우리를 가장 행복하고 인간답게 만드는 답을 찾아야 합니다. 현재 상황에서 그런 답이 없고 시간이 촉박하다면 차선을 택해야겠

사람 속에 함께 걷다

죠. 하지만 거기에 머무르지 않고 계속 찾는다면 찾을 수 있습니다.

- 가능할까요?

가능합니다. 4차 산업혁명 시대는 미래를 예측해서, 예측된 미래에 따라 우리가 준비하는 것이 아니라, 우리가 꿈꾸는 미래를 만들기 위해 행동하는 시대입니다. 미래는 상상하는 대로 만들어지기 때문에, 우리가 꿈꾸는 세상을 위해 우리의 지혜와 힘을 투입하고 우리의 발전된 기술을 활용할 수 있다는 것입니다. 지금은 그런 감성, 상상, 마음이 중요한 시대입니다. '꿈은 이루어진다.'라고 하지 않습니까? 함께 꾸는 꿈은 현실이 되는 거예요. 우리의 공동체를 개인의 인권과 개별적인 독립성을 존중하면서 공동체성이 높은 민주적 공동체로 만들어야겠죠.

- 그러면 공교육 정상화의 문제는 어떻게 접근해야 할까요?

공교육 정상화라고 할 때 그 대상으로 우리는 보통, 학교 교육을 생각하죠. 저는 이제 공교육으로서 학교 교육만을 생각할 때는 지났다고 봅니다. 이제는 평생공교육 체체를 어떻게 확립할 것인가 하는 것이 화두가 되어야 합니다.

– 평생공교육 체제로 가야 하는 이유가 있습니까?.

　첫째는 새로운 기술과 연구가 쉴 새 없이 쏟아져서 그 이전의 기술과 경험을 낡은 것으로 만들어버리기 때문입니다.

　예를 들어 어떤 사람이 처음에 어느 한 대학에 입학했어요, 졸업을 하고 한 회사에 취직을 해서 한창 일하고 있는데, 벌써 입학 이후 6~7년이 흘러서, 배운 것이 이미 낡아버렸어요. 후배들은 새로운 기술을 배워서 잘하고 있는데, 그 사람은 자꾸 뒤처지고 성과도 없는 거예요. 그럼 그 사람은 어떻게 해야 하냐고요. 대학을 졸업한 지 6~7년밖에 안 됐는데, 그간 배운 것으로는 버틸 수 없으니 다시 배우러 가야 하는 거죠. 그런데 이런 속도가 더 빨라지면 어떻게 되겠어요? 입학할 때 선택했던 학과의 전문지식이 졸업할 때는 로봇이나 인공지능으로 대체되어 버릴 수도 있다? 그럴 수 있는 거예요. 그런 세상인 거죠. 그럼 또 다시 배워야 하는 겁니다.

　또 다른 예를 들면 지금은 IT가 대세지만 내가 학교에 다닐 때만 해도 인문계는 IT를 안 배웠어요. IT는 이공계에서 배웠죠. IT 지식이 필요한 순간 인문사회, 경상계열 출신의 능력이 급격히 떨어지는 거죠. 이제 AI 쪽 인력이 많이 필요한데 AI를 누가 배우고 있습니까. AI는 지금 그걸 가르칠 수 있는 학과의 학생들만 배우는 거잖아요. 이전에 AI 배우지 않은 이공계는 어떻게 합니까? 그러니까 그런 이야기가 나와요, IT 쪽 배우고 나간 사람들에 대한 AI 보충교육이 있어야 한다고요. 그게 바로 평생교육이죠. 그럼 인문사회경상 계열은 어떻게 해요? 해당 학과에서 AI 교육 시스템을 마련해 줄 때까지 평생교육 프로그램을 통해서 배워야 하고, 그런 지원이 대학에서부터 필요한 거죠.

– 대학에서부터 평생교육이 필요하다? 생소하지만 공감이 되네요.

유럽 평생교육 현장에 가보니까 덴마크공과대학이 올해 4월, 평생교육센터를 대학 안에 만들었더라고요. 우리나라 대학의 평생교육원은 대학생이나 졸업생을 가르치는 것이 아니고, 대학의 입학정원 부족에 따른 재정의 어려움 때문에 교육 욕구가 높은 일반 어르신들을 대상으로 교양교육을 하고 있죠. 그런데 덴마크공과대학의 평생교육센터는 알 수 없는 미래세계를 대비하는 역량을 갖추도록 재학생과 졸업생을 대상으로 교육을 하는 거예요. 그리고 현재 재학생들이 배우는 교육과정을 졸업생들도 같이 들을 수 있도록 강의를 열고요. 졸업생들만 위한 단기 3개월, 6개월 코스도 있고, 2년 수료 후 디플로마를 주는 코스, 석사학위를 주는 코스도 있었어요. 또한, 우리나라 대학의 평생교육원은 대학교수가 가르치지 않고 교양 교육 전담 인력을 별도로 채용해서 가르치는 반면, 덴마크공과대학 평생교육센터 교수진은 그 대학교수 중에서도 주로 새로운 연구 성과를 냈거나 기술을 개발한 교수들이 가르치는 거예요.

- 평생공교육 체제로 가야 하는 두 번째 이유는요?

　세상이 빠르게 변화한다는 사실과 100세 시대로 대변되는 기나긴 노년 생활, 이 두 가지가 결합되어 평생공교육의 필요성을 급격히 높이고 있습니다. 앞으로 다가올 5년간의 변화가 지난 수십 년간 변한 것보다 더 클 거라고 많은 사람들이 예측하고 있습니다. 이렇게 빠르게 변화하는 시대에는 쉽게 문맹, 넷맹이 될 수 있다는 거죠. 스마트폰의 간단한 기능이라든가 기기 사용법 같은 것도 처음에는 귀찮고 번거로워서 배우지 않고, 나중에는 엄두가 안 나서 피하다 보면 어느새 넷맹, 기기맹이 되는 거죠. 이런 일이 10년 이상 쌓여서 8, 90대가 되면 한글을 모르고 숫자를 모르던 옛날 어르신들처럼 돼 버리는 거예요. 새로운 세상에 주어진 발전된 기술과 기기들을 신속하고 당당하게 누리는 젊은 사람들과 달리 점점 소외되어 쓸쓸하고 처량한 노년을 맞을 수도 있습니다.

　100세 시대의 노년이 문제가 되는 것은 단지 새로운 변화를 적극적으로 수용하기 어렵다는 것만을 말하는 것이 아닙니다. 30-30-40 주기의 삶, 즉 30년 교육과 30년 노동으로 나머지 40년을 살아가는 방식은 개인도, 국가도 부담하기 힘들다는 것입니다. 40년 중의 20년은 사회경제활동을 더 할 수 있도록 준비를 해야겠죠. 그런데 평생 교육받고 평생 일하면 세상이 더 힘들어지는 것 아닌가? 하는 생각도 듭니다. 그래서 우리는 더불어 건강하고 행복한 삶을 누리는 방향에서 이 문제에 대비를 해야 합니다.

– 평생공교육 체제로 가야 하는 이유가 또 있을까요?

두 가지만 더 말할게요. 세 번째, 평생공교육체제를 만들어야
하는 것은 격차를 해소하는 측면에서도 매우 중요합니다. 평생
교육은 학력 격차와 그로 인한 소득의 격차를 해소하는 역할도
맡는다고 기대되어 왔습니다. 하지만 4차 산업혁명 시대에는 평
생교육이 공교육체제가 되지 않는다면 평생교육이 사회적 격차
를 키우는 역할을 할 것입니다. 개인적 능력과 재원과 우호적 환
경의 유무에 따라 평생교육과 평생학습의 접근과 내용에 차이
가 클 것이니까요. 그래서 누구라도 희망하는 사람은 자신이 필
요한 교육에 대한 정보를 제공받고, 자신에게 적합한 상담을 받
으며, 자기가 희망하는 교육을 받을 수 있는 평생공교육 시스템
이 갖추어져야 하는 거죠.

마지막으로 평생 공교육체계를 통해서 많은 사람들이 이 사회
를 살아갈 수 있는 힘, 이 사회를 함께 꾸려나갈 수 있는 시민역
량을 갖출 수 있도록 해야 합니다. 또 한편으로는 배우고 학습
하는 것. 춤을 배우든 노래를 배우든 철학을 배우든, 배움 자체
가 즐거움이고 기쁨이잖아요. 그런 즐거움과 기쁨을 사회 구성
원 모두가 함께 누리는 것은 당연하고 마땅한 일이죠.

이렇게 보면 이제는 평생공교육 체계를 제도적으로 마련해야
할 시점인 거죠. 지금까지는 초중등교육과 고등교육(대학교육)

이 기본이고 평생교육은 부수적이었습니다. 이제는 초중등교육과 대학교육, 좁은 의미의 평생교육(성인교육)이 뭉쳐 하나의 평생공교육 시스템이 되어야 하는 것이죠. 대학은 평생공교육 체제의 핵심이 될 겁니다. 지금 각 대학의 평생교육원이 하는 역할은 지역사회의 평생교육기관에서 맡게 되겠죠. 재직자를 위한 교육은 대학과 직업훈련 기관들이 함께하고, 새로운 기술의 업그레이드는 대학이 전담해야 할 것입니다.

— 로봇과 인공지능이 충분히 발전하면 인간은 노동에서 해방되겠지만 그만큼 수입도 없어지는 거죠?

그러니까요. 노동 수입이 줄어들면 기나긴 노년을 빈곤하게 보낼 수밖에 없어요. 거의 연명하는 수준의 수급자가 대부분이겠죠. 그렇기에 4차 산업과 100세 시대로 표상되는 이 시대는 주권자 민주주의가 굉장히 중요합니다. 인류가 성취한 문명 발전의 성과와 열매를 인류가 공평하게 누려야죠. 이것을 시장에만 맡겨 방치하면, 4차 산업혁명은 우리가 이제껏 경험하지 못한 빈익빈 부익부의 무지막지한 양극화를 불러오게 됩니다. 엄청난 실직이 일어날 테고요. 그래서 민주적 통제가 반드시 필요한 거죠. 예를 들면 우버택시, 사회적 효율로 보면 우버택시 형태가 맞죠. 하지만 인터넷과 SNS 같은 IT 기술과 시스템의 발전, 광범위한 사람들의 참여로 인해 가능해진 것을 한 개별 기업이 독점하는 것은 공정하지 않습니다. 그런 식이 되면 문명과

사람 속에 함께 걷다

기술의 발전이 인류의 재앙이 될 수밖에 없는 거죠. 그래서 더불어 행복하고 건강한 공동체를 위한 민주적 통제는 필수적이라는 것입니다.

– 인간이 노동을 하고 그 대가로 보상받는 것은 일종의 자기실현이고 성취가 아니겠습니까? 인간이 이렇게 건강한 노동의 기쁨을 상실하는 것은 바람직하지 않은 일이 아닐까요?

우리가 고된 노동에서 해방된다면 농사를 짓는 일이 멋있는 일이 될 수도 있지 않을까요? 지금 돈 있는 사람들이 골프를 즐기고 요트를 즐기듯이 꽃을 가꾸고 벌도 치는 게 멋있는 일이 될 수도 있습니다. 우리 지역을 아름답게 꾸미고 가꾸는 사회적 의미까지 있으니 더 가치 있는 일로 인정될 수도 있겠죠. 기술발전의 결과를 잘 통제하여 인류 공동의 성과로서 평등하게 누리면서 전인적인 인간으로서 사회성과 개별적 독창성을 발현하는 일에 중점을 두는 사회로 갈 수도 있겠죠. 그러기 위해서는 민주주의가 발전해야 하고, 민주주의적 훈련을 많이 해야 합니다.

또한, 최근 우리 사회에 최저임금이나 52시간 근로 제한 등으로 많은 논란이 있지 않았습니까? 이것이 어떤 사람들에겐 절실히 필요한 일인데 또 다른 사람들에게는 굉장한 불만을 갖게 하는 일입니다. 또 어떤 노동자에겐 예기치 않은 좋은 혜택을 가져오지만 다른 노동자에겐 생각하지 않은 어려움을 조성할 수 있는 일이거든요. 사회적으로 본다면 서로의 플러스와 마이너스를 조정하고 받아들일 수 있는 선을 합의하는 게 필요합니다. 자신만 보지 말고 상대가 있다는 것을 인정하고 지혜를 모아 함께 풀어나가야 한다는 정신이 중요합니다. 그러기 위해서는 민주주의적 학습과 훈련이 필요합니다. 이런 학습과 훈련은 학교 교육을 통해서도 이루어져야 하고, 더불어 모든 세대가 함께해야 합니다. 민주시민 교육은 대체로 평생교육의 중요한 주제였죠.

- 조금 전에 평생공교육 체제의 필요성에 대해서 말씀하셨지만, 교육 내용이나 교육의 방식에도 변화가 필요할 것 같습니다.

학생들의 자율성에 관한 것인데요. 지금 대학을 가기 위해서는 공부를 하고 싶지 않아도 억지로 해야 하잖아요. 그런데 그렇게 하기 싫은 공부를 해서 대학 진학을 하더라도 모든 것이 너무 빠르게 변하기 때문에 인기학과를 선택한다는 것이 무의미해집니다. 그리고 평생 공부를 해야 하는데 억지로 해서 되겠습니까? 공부하는 기쁨을 살리면서, 공부할 필요를 학습자가 느껴서 해야 평생학습이 가능합니다. 사회에서 잘나가는 것, 돈 많이 벌 것 같은 것이 아니라 내가 좋아하는 것, 내 취미와 적성에 맞는 것을 선택하는 게 중요한 시대가 온 것 같습니다.

학습자의 자율성과 내적 동기를 중요하게 생각하는 교육이 평생교육과 함께 펼쳐진다면 초중등 교육도 함께 바뀌게 되고, 교육의 경로도 매우 다양해집니다. 중학교까지 다닌 다음에 일을 할 수도 있고 진학할 수도 있고, 일하다가 다시 대학을 갈 수

사람 속에 함께 걷다

도 있고 다른 직업을 가질 수도 있는 등 다양한 선택이 가능해진다는 것이죠. 또 꼭 학교 교육만 인정하는 것이 아니라, 직장 경험이라든가 지역사회에서 일하면서 배운 경험을 학습 이력으로 인정해 줄 수도 있죠. 비형식 교육을 어떻게 학습 이력으로 환산할 것인지 연구도 되고 있습니다. 사실 학교 교육은 일부분일 뿐입니다. 일반적으로 사람은 직업을 통해서도 배우고, 봉사를 통해서도 배우는 거죠.

- 그렇게 되면 비형식교육을 악용할 소지가 있지 않나요?

그런 것을 없애려면 우리 사회의 격차가 확 줄어야 해요. 캐나다의 대학 입학제도는 우리 눈으로 보기에는 불공정한데 아무도 불평하지 않는다고 해요. 왜냐하면 어떤 대학을 나오든지 어떤 학과를 나오든지 또 대학을 다니지 않았어도 사회에서 활동하는데 보수 차이가 별로 크지 않거든요. 엄청난 빈부 격차가 없다는 거죠. 평생학습 체제로 안 가면 우리 사회가 낙후되고, 우리 사회 경쟁력이 엄청나게 떨어져요. 근데 평생학습 체제를 하려면 노동 시장의 격차가 크게 해소되어야 합니다. 변하지 않으면 안 돼요. 바뀌어야 하죠.

4차 산업혁명이 평생교육 평생학습을 요구하는 현재의 변화도 격차를 확대하는 쪽으로 갈 것인가? 아니면 초중등학교와 대학교 그리고 노동 시장의 변화까지 동반하는 평생공교육 체제로 갈 것인가? 그것은 우리의 선택이며 세력 관계의 문제죠.

저는 결국, 그런 방향으로 가야 한다는 전망을 보편화해야 한다고 생각합니다.

– 초중등교육에 대해서도 한 말씀 하신다면?

아이들이 학교 교육에 흥미를 못 느끼고, 학교생활을 좋아하지 않는다는 것은 학교 교육이 위기라는 말입니다. 공부가 노동과 다른 것은, 새로운 것에 대한 호기심과 흥미가 공부를 지속하도록 하는 동력이 된다는 거잖아요. 그런데 공부에 흥미를 잃어버리는 교육은 참 심각하죠.

또한, 대학입시가 항상 문제잖아요. 대학입시에 따라서 초중고의 교육도 흔들리고. 교육에 있어 공정성과 형평성은 중요한 이슈입니다. 공정성은 시험성적처럼 같은 기준으로 실력을 평가하자는 것이고, 형평성은 기준을 여러 개 둬서 특정한 기준에서 손해 보는 사람이 없도록 배려하자는 것이죠. 그런데 결과는 여러 개의 기준에 대한 경쟁까지 추가되고 그것도 소위 배경이 좋은 학생들이 더 유리합니다. 사람들은 형평성은 이미 오염되었다 생각하고 형평성보다는 공정성이 중요하다, 수능점수 나온 대로 들어가는 것이 공정하지 않냐, 이런 생각을 많이 하게 된 거죠.

– 지역에서 청소년 프로그램도 진행하셨더라고요.

　　　　　　　　사람 속에 함께 걷다

부산문화재단 꿈다락 프로그램을 많이 활용했습니다. 공모사업에 선정되어 지역의 청소년에게 1년 정도 한두 가지 문화예술 교육을 받을 기회를 만들어 주고 연말에 발표회를 하는 식으로 했죠.

저는 평소, 청소년들이 다양한 문화예술체육 경험을 많이 하는 게 좋다고 생각했습니다. 악기 하나는 연주할 줄 알고, 스포츠도 한 가지는 하며, 그림을 못 그려도 전시회를 보러 가는 생활이 된다면 우리의 삶이 훨씬 행복하겠죠. 우리 세대는 그렇지 못했거든요. 우리 자녀세대들은 다른 이유로 그렇지 못하죠. 우리 사회는 이런 문화가 가정에서 자연스럽게 형성되기 힘들어요. 그러니 어릴 때부터 자연스럽게 몸에 배도록 학교에서 문화예술체육 교육을 풍부하게 뒷받침해야 합니다. 그런데 현실은 아니죠. 혁신학교는 좀 다르지만요.

학교 수업은 대체로 선생님과 학생의 일대 다 관계로 진행되는데, 조별 활동이나 같은 학급 학생들 전체가 참여하는 토론 학습도 별로 없고 자연 속에서 함께 체험하는 수업도 거의 없죠. 지금은 적극적으로 체험하고 공동으로 활동하면서 친구들 관계도 적극적으로 만드는 게 중요한 때잖아요. 또 좌뇌뿐만 아니고 우뇌도 발전시키는 다양한 활동 속에서 자신의 적성을 찾고 키울 수 있어야 하고요. 청소년들이 겪는 여러 가지 갈등이나 고민을 다양한 방식으로 표출할 수 있게 도와주는 것도 필요하죠. 문화예술체육활동은 바로, 이런 필요에 종합적으로 부응하는 것입니다. 그중에서도 연극이나 뮤지컬은 자기를 강렬하게 표출

하면서도 다른 사람의 입장과 처지에서 바라보게도 하니 청소
년들에게 아주 좋은 것 같아요.

– 그래서 청소년들에게 뮤지컬 수업을 시켰군요.

　그건 아니에요. 뮤지컬 수업을 맡을 수 있는 선생님이 계셨기
때문에 했죠. 노래를 잘 가르치는 선생님이 옆에 계셨다면 합창
수업을 하고 합창반을 만들었을 겁니다. 제가 대표로 있던 영도
희망21에서 2013년 1월, 처음으로 꿈다락 공모에 우쿨렐레 수
업으로 도전했는데 떨어졌어요. 그리고 몇 개월간 청소년 수업
은 잊어버렸어요.
　당시 영도희망21에서는 매월 1회 음악살롱이 열렸고 가끔 번
개로 교육이나 좌담회가 개최되곤 했어요. 50대 후반부터 60대
초반의 텃밭 활동을 하는, 언니들과 함께했던 좌담회에서 청소
년이 중심 화두로 떠 올랐어요. 우리 지역에 청소년들이 갈 곳이
없다, 청소년들이 열정을 가지고 재미있게 배우고 활동하는 그
런 게 좀 없다, 청소년들이 신나고 즐겁게 잘 성장할 수 있도록
도움을 주고 싶은데 특별히 만날 계기가 없다, 텃밭에서 키운 채
소에 고기 구워서 청소년들 먹이면서 같이 좀 친해지고 싶다는
이야기가 나왔습니다. 그래서 청소년들을 위한 사업에 관심 있
는 회원들이 다시 모여 우리가 할 수 있는 일을 찾아보기로 했
습니다.
　텃밭 활동을 하는 언니들 외에 몇 사람이 더 모였고, 여러 가

　　　　　　　　　사람 속에 함께 걷다

지 이야기가 나왔습니다. 마을 카페에서 청소년 학교를 하자, 공부를 가르치는 게 아니라 월요일은 보드게임, 화요일은 바리스타, 수요일은 합창, 목요일은 요리 등 청소년들이 하고 싶어 하는 활동을 중심으로 하루에 한 꼭지씩 한 시간 또는 두 시간씩 진행하자, 길거리 농구를 많이 하면 청소년들이 좋아한다, 농구 지도자가 있어야 한다는 등. 이런 이야기를 많이 나누었는데, 한 언니가 지인 가운데 전직 뮤지컬 배우가 있다고 했어요. 그분을 강사로 해서 청소년들에게 뮤지컬을 가르치면 어떠냐고 제게 만나보라고 강력하게 추천했죠. 그분도 하고 싶다고 했고, 그래서 2014 문화재단 꿈다락사업에 청소년뮤지컬워크숍을 신청하게 됐어요. 거기에 뮤지컬 배우와 연출가가 꿈인 고등학교 2학년 학생 두 명이 왔는데, 선생님이 열정적으로 가르치고 이 친구들도 엄청 열심히 하면서 전체적으로 열심히 하고 좋은 성과를 냈습니다. 사업이 끝난 후에도 청소년들이 직접 기획하고 운영하는 청소년 뮤지컬팀을 계속하고 싶다 해서 우리가 할 수 있는 뒷받침을 해줬죠. 그 뒤에도 꿈다락사업으로 우쿨렐레도 하고 합창도 해보니까 참 좋았어요. 문화예술체육활동을 청소년들이 원하는 것을 충분히 보장하는 방법으로 하면 리더십도 생기고 관계능력도 향상되고, 집중력도 높아지더군요.

어릴 때부터 문화예술활동을 접하면 수용성이 커지고 평생 삶이 풍요로워져요. 이런 걸 모르고 살면 삶이 삭막하죠. 살다 보면 너무 힘들 때가 있죠. 그럴 때 악기를 연주하면서 그걸 풀어내고 뮤지컬을 보면서 잠시라도 벗어나기도 하고, 새로운 성찰을 얻기도 하는 등 어려움을 이겨나가는 데 큰 힘이 될 것 같아요. 이런 것들이 문화적 바탕인데 우리나라가 경제적으로는 상위이지만 유럽에 비하면 문화적으로 누리는 삶의 질이 너무 낮은 거야, 그러면 사회 전체가 별로 행복하지 못해요. 더불어 사는 삶이나 사람들이 서로 환대하고 격려하는 공동체적 삶이 형성이 안 되는 중요한 이유가 이런 데서 오는 것 같아요.

문화예술교육이나 활동이 도제식으로 권위주의적으로 진행되는 경우도 있지만, 오히려 대중적으로 된다면 그런 점도 많이 없어질 것 같아요. 공연예술은 팀워크가 중요하고 혼자서 하는 것을 좋아하는 성향은 혼자 작업할 수 있는 문화예술도 많죠. 또 이걸 배웠다고 숨기는 것이 아니라 내가 배워서 베풀면 좀 못하는 사람이 그걸 보고 배우기도 하고 또 나도 해야지 하면서 확산이 되고 서로 잘하는 사람이 서툰 사람도 가르쳐주면서 좋은 관계가 굉장히 많이 형성되잖아요.

– 청소년들에게 문화예술활동 외에 또 뭐가 좋을까요?

청소년들에게 문화예술체육 교육과 활동의 기회를 많이 주는 것이 무척 중요하다고 생각합니다. 평생의 벗이자 절대 없어지지 않을 재산 하나를 든든하게 물려주는 거잖아요.

또, 청소년 자원봉사활동도 매우 의미 있다 생각합니다. 반송 희망세상에서 느티나무 도서관을 운영하는데 어릴 때 마을도서관을 이용한 아이들이 중고등학생이 되어 봉사활동을 왔대요. 그래서 도서관에서 필요한 일을 시키는 식으로 하지 않고 청소년들이 어떤 봉사를 하고 싶냐, 우리 마을을 어떤 모습으로 변화시키면 좋겠냐, 그런 변화를 위해 나는 어떤 봉사를 하고 싶냐고 묻고 서로의 이야기를 나눴답니다. 이렇게 봉사활동을 하니까 청소년들이 굉장히 적극적으로 임했다 합니다. 청소년들이 자기들이 생각하는 마을의 비전 또 청소년들 앞에 놓여 있는 해결해야 할 문제를 같이 힘을 합쳐서 해결하는 자원봉사활동을 통해서도 많이 성숙하고 재미있다고 했다는 거예요. 그 활동을 잘하기 위해서 책도 찾고 공부도 같이 한 것을 청소년들이 아주 좋아했대요.

서울의 혁신 중고등학교에서 이루어지는 흥미 있는 프로그램을 하나 소개할게요. 청소년들에게 서너 명씩 팀을 짜서 팀에서 꼭 같이 하고 싶은 일들을, 20만 원 예산 한도로 계획을 짜서 제출하면 활동비 지원이 되는 거예요. 예를 들어, 거의 텔레비전에서만 영화를 보고 영화관에서 본 적이 없는데, 친구들과 영화관에 가서 영화를 보고 끝나고 간식을 먹으며 친구들과 소감을 나누고 싶다고 하면 같은 요구사항을 가진 아이들 서너 명을 모아서 계획하면 되죠. 또 친하게 지내는 친구 서너 명이 같이 하고 싶은 활동을 짜서 신청해도 되고, 또 하나는 지역사회에서 해야 할 어떤 일들을 찾아서 무슨 일이며 왜 해야 하는지, 어떻게 할 것이며 역할분담은 이렇게 한다고 자기들이 프로젝트를 짜서 제출하면 돈을 주는 거예요. 쓸 수 있는 돈은 최대 20만 원이고 활동을 마치고 지출 내역과 영수증, 목적 달성 여부를 제출하면 마무리가 되죠.

두 가지 활동 모두 청소년들의 성장에 큰 도움이 되는 프로그램이라 봅니다. 자신이 뭘 원하는가 어떤 활동을 하고 싶어 하는가 어떤 것을 할 때 행복하고 만족감을 느끼는가를 찾아본다는 것은 참 중요한데 어린 시절부터 그런 훈련이 되면 좋지요. 또 지역사회에 관심을 갖고, 지역사회의 환경들이 어쩔 수 없는 것이 아니라 해결해야 하고 해결할 수 있는 문제로 바뀌는 것이 큰 의미가 있죠. 당장 해결할 수 있나 없나 하는 것보다, 그 과정에서 같은 현상을 다르게 볼 수도 있다는 것을 알고, 서로 다른 의견들을 모아 하나의 주제를 정하고 실천을 만들어가는 이런 과정이 민주시민으로 양성되는 과정이죠. 우리 부산에서도 이런 프로그램이 많이 생기면 좋겠습니다.

사람 속에 함께 걷다

부산에서 전국으로, 전국에서 부산으로

– 사회 활동은 언제부터 시작했습니까?

　사회학과 졸업하기 전, 3학년 2학기부터 구로공단에 가서 일을 했어요. 노동자로서 83년 가을부터 85년 여름까지, 그러니까만 2년 동안 구로공단과 그 주변에서 봉제와 전자 관련 일을 했습니다. 위장 취업은 아니고 학력만, 당시 재학 중이었으니까 그냥 고졸로 얘기해서 들어간 거죠.

– 노동 현장의 열악한 노동자들, 그분들의 삶을 좀 더 이해하고 싶어서 거길 간 건가요?

　아니요. 그분들의 삶을 알고 싶어서 간 것은 아닙니다. 우리언니, 오빠들이 그런 노동자의 삶을 살아오신 분들이셔서 그분들의 삶이야 이미 잘 알고 있었어요. 구로공단에 간 것은 우리사회의 민주화를 위해서는 학생운동만으로는 너무 힘이 약하다고 봤기 때문이죠. 민주화라는 것은 국민 한 사람 한 사람이 모두 다 나라의 주인이 되어야 하는데, 돈 없고 권력 없는 사람들은 주인으로 살 수 없고 뿔뿔이 흩어져서 살 수밖에 없잖아요. 그래서 조직도 만들고 자신들의 이익을 대변하는 목소리를 내고 사회 변화를 만들어가야 하는데, 공장 노동자들은 말하자면 집결되어 있으니까 단결이 잘된다고 생각한 거죠. 비슷한 처지에 있다는 측면만 보자면 농민이나 상인도 있지만, 그분들은 어떤 면에서는 서로 경쟁하는 관계이기도 하니까 이해관계가 일치할 때도 있지만 일치하지 않을 수도 있는데, 그런 면에서 노동자들은 항상 이해관계가 일치하니까, 단결이 더 잘되죠. 농민조합이나 상인조합은 들어본 바가 없지만, 노동조합은 꽤 오랜 전통과 역사가 있잖아요? 70년대 민주노조도 있지 않습니까? 그런데 그 당시 80년대 민주노조는 5공 정부의 탄압으로 거의 해체되다시피 했기 때문에 노동자들의 노조 활동을 다시 일으켜야 된다는 생각을 했고, 그래서 노동자를 조직화하는 일은 사회 민주화에 있어서 학생운동 외에 또 다른 중요한 요소가 될 수 있다, 사회적 불평등과 격차를 해소하는 데 있어서도 매우 중요한 역할을 할 수 있다고 생각했던 것이죠.

– 이런 사회 활동은 졸업 이후로 계속 이어진 거죠?

네, 84년 6월에 들어간 공장에서 근무하다가 85년 2월에 졸업하고 그 뒤에 6월쯤 잘렸으니까… 졸업 이후 이어진 거죠. 그때는 노동3권 보장, 그리고 노동자들의 인간다운 삶을 주로 주장했습니다. 해고된 뒤에는 블랙리스트에 올라갔어요. 다른 데 취업을 못 하고 88년 5월에 결혼해서 정착할 때까지 거의 한 3년 가까이 동가식서가숙하면서 사회단체 활동을 한 거죠. 그때 김문수 전 경기도지사라든가 심상정 정의당 대표 이런 분들과 같이 서울노동자연합 활동도 하고 그랬어요.

- 부산엔 언제 내려오셨죠?

제가 88년 5월에 결혼을 했으니까 88년 4월에 내려왔네요. 그때 남편이 교도소에 있다가 88년 2월에 출소했죠. 부산 내려오고 결혼하고 그리된 거죠. 저도 85년 6월 구로동맹 파업 때 가로봉 5거리에서 시위를 주동한 이유로 재판에 들어갔다가 기소 중지 되었거든요. 그래서 수배된 상황이었습니다. 사실은 굉장히 미미한 사건인데, 어쨌든 수배가 되어서 집에도 못 내려가다가 전두환 군사독재가 끝나고, 노태우 정권이 들어서 시국사범 석방도 시켜주니까, 고향으로 내려와서 결혼도 하고 정착해서 살게 된 거죠.

- 부산에선 어디에 정착하셨나요? 그 이후론 계속 부산에서 활동하셨군요?

결혼해서 처음에 만덕에서 살았어요. 그리고 금정구에 살다가, 부산진구에 갔다가, 또 금정구 갔다가, 다시 부산진구 가고, 그다음에 사하구 갔다가 다시 부산진구로. 하하. 부산진구에서 제일 오래 살았네요. 그리고 영도로 왔죠. 그러니까 서울에서 학생운동, 노동운동을 하고 해고된 뒤 해고자들과 함께 활동하다가 부산에 내려와서 그때부터는 쭉 부산에서 활동한 거죠.

– 부산에서는 주로 어떤 일을 하셨어요?

부산에 오기 전까지, 서울에서는 사회민주화 차원에서 노동운동을 했어요. 여성노동자들의 삶이 많이 힘들고 어려운 것을 같이 일하면서 제가 봤잖아요. 그래서 여성노동자들의 상황을 개선하는 데 힘을 보태야 하겠다, 그런 생각을 했죠. 87년 노동자 대투쟁도 일어나고 노동조합 활동도 활발해지던 시기라 여성노동자들 사업장에 취직을 해서 노동조합 만드는 것을 도와주면서 적극적으로 여성노동운동을 해야겠다고 생각했죠. 그런데 들어간 지 얼마 안 되어서부터 몸이 아팠어요. 너무 아파서 도저히 일을 할 수가 없는 그런 상황이라 나오게 되었습니다. 그러니까 5월 말에서 8월까지 일하고 3개월 만에 나오게 되었어요. 그 전에 서울에서 해고되었을 때 반독재 노동단체활동을 한 경험으로 부산에서도 여성 노동단체 활동을 찾아보게 되었는데, 마침 서동에 근로여성의 집이 있더라고요. 거기에 들어갔죠. 9월에 바로 들어가서 여성노동운동을 지원하는 활동을 했습니다.
근로여성의 집에서는 근로여성교실도 운영하고 있었고, 근로조건 개선을 위한 상담, 건강 상담, 성·연애 상담 같은 게 있었는데, 거기서 자원봉사활동을 하겠다고 했죠. 그 근로여성의 집

사람 속에 함께 걷다

이 그해 1월에 만들어졌더라고요. 이전 80년대 중반에 학생 출신의 노동자들과 가톨릭노동청년회 출신의 노동자들이 모여서 만든 단체였죠. 여성노동자들의 권익도 옹호하고 조직도 돕고 교육, 상담 등 지원활동을 하겠다는 목표를 세웠어요. 여기에 관해서는 작년 2018년에 신라대 여성연구소의 30주년 기념 심포지엄에서 부산에서 여성 최초로 한 일을 다뤘는데, 저에게 부산에서 여성노동자단체를 최초로 만들어 활동한 얘기를 써달라고 해서 하나 적었습니다.

– 근로여성의 집에서의 활동은 어떻게 발전되었습니까?

88년 9월부터 그 단체에서 자원봉사로 청소부터 시작했어요. 거기는 대표 말고는 주부가 없었어요. 다들 회계, 경리에 어려움을 겪는다면서 저보고 총무를 맡아 달라고 하더라고요. 총무를 맡으면서 살림을 살게 되었는데, 돌이켜보면 그땐 참 사람에 대한 신뢰가 컸던 것 같아요. 들어온 지 얼마 안 된 사람한테 총무 시키고, 하하. 하긴 그때 돈도 별로 없었으니까… 어쨌든 총무 하면서 회원 관리도 하게 되는데, 제가 보니까 회원 관리가 안 되는 거예요. 총무 하면서 회비를 받는데 회원 관리가 전혀 안 되고 있더라고요.

그래서 제가 건의를 해서 회원사업부라는 것을 만들면서 회원사업부 부장을 하게 되었죠. 회원으로 들어왔는데 회원들이 없는 거예요. 저처럼 민주화 운동이나 노동운동에 경험이 있는 사람 말고, 다른 사람들은 회원으로 이름만 있거나 들러리처럼 지지자 그룹으로만 남는 거죠. 아, 이래서는 안 되겠다, 일단 회원으로 들어오면 활동할 수 있게 하자, 본인들이 들어올 때는 무언가 뜻이 있었을 테니까 그 뜻대로 활동할 수 있게 하자고 생각했죠. 그래서 신입회원 만남의 날을 만들고 또 신입회원 교육을 했어요. 그런데 신입회원 교육을 하면서 근로여성의 집이 어떤 곳이고 어떤 것을 지향하고 앞으로 어떤 일을 한다는 식으로 주입식으로 가르치니까 사람들이 너무 수동적이 되고 뭔가 서로 적극적으로 해보겠다는 의사 확인이 안 되는 거예요.

그래서 제가 많이 고민한 결과, 이것을 질의응답식으로 한번 해보자 했죠. 그러니까 공동의 주제를 놓고 같이 이야기하는 식으로 해보자는 거였어요. 이건 이후에도 많이 활용한 방식인데, 우선 여성으로서 그리고 여성노동자로서 지금까지 살아오면서 보고, 듣고, 겪고, 느낀 것을 이야기하는 거죠. 그런 가운데 불평등하다, 힘들다, 어렵다고 생각하게 되는 일들, 직접 겪거나 남들의 그런 경우를 보거나 들었거나 한 일들을 이야기하자 그러니까 이제 신입회원 교육에서 사람들이 전부 자기 이야기를 하는 거예요. 어릴 때는 어땠고 어떤 일이 있었고 등 살면서 겪었거나 보고 들은 얘기들을 하면서, 여성으로서 그리고 여성노동자로 살면서 겪는 어떤 공통점들, 물론 고생한 것에 다소의 차이는 있지만, 그런 공감대를 많이 형성하게 되는 거죠. 이후에는 이제 단체에 가입해서 무엇을 이루고 싶은지, 무엇을 기대하고 왔는지 그런 질문을 해서 이야기를 어어갑니다. 그런 다음에 우리 단체는 이런 곳이다, 이런 목적으로 만들어져서 이런 체계를 갖추고 있고 이런 활동을 하고 있다는 소개를 하고, 앞으로 어떤 데서, 어떤 일을 하고 싶은지 얘기해 나가죠. 그리고 기존 회원을 또 두세 명 참여하게 해서 서로 얼굴을 익히는, 그런 형태로 신입회원 교육을 진행하니까 이제 그분들이 회원활동을 하게 되더라고요.

회원활동을 하게 되니까 떨어져 나가는 일이 없고 그때부터 사람들이 붙기 시작하는 거예요. 그래서 그분들이 기존에 실무자들이 만들어 놓은 팀에 들어가기도 하지만 또 자기들이 뭔가 하고 싶은 것을 정한 다음에 실무자들이 그걸 도와주면서 같이 만들어나가는 활동, 예를 들자면 그때 우리가 한글 가르치는 반도 만들고, 결혼한 사람들이 있어서 부녀반도 만들고, 또 직장에서 판매 서비스업에 종사하는 사람들은 판매서비스직 모임, 생산직 종사자는 생산직 모임, 이렇게 처음에는 각자 자기 처지별로 반을 만들었는데 나중에는 연극반도 만들고, 풍물반, 편집반, 이런 식으로 반들이 만들어지면서 신입회원들이 활동을 적극적으로 하게 된 거죠.

– 그게 부산여성회의 밑거름 역할을 하게 된 거죠?

그렇죠. 그래서 90년 하반기에 처음으로 여성노동자회가 발족하게 됩니다. 그때 참 의미가 있었던 것이, 여성노동자회는 목적 의식적으로 집행부나 센터 같은 데서 하부 조직을 만드는 식이 아니었죠. 근로여성의 집은 전문가들이 판을 벌여 놓으면 여성 노동자들이 와서 모임을 하는 형식이었는데, 여성노동자회는 자신이 여성노동자거나 혹은 여성노동자의 경험을 가진 여성들이 여성노동자의 권익을 옹호하고 남녀 평등한 사회를 만들어가는 데 동의하는 사람들로서 그런 실천을 해보자는 하나의 자각적인 조직으로 만들어졌다는 것입니다. 과거에는 실무자들이 모든 일을 진행해서 전문지원단체의 지원을 받는 모임들이 운영되는 방식이었다면, 완전히 전환되어서 회원들이 단체의 주인으로서 단체의 설립 목적을 정리하고 이후에 오는 사람들은 자신의 뜻이 거기에 일치하면 회원가입을 하는 것이죠. 그리고 이 단체의 활동은 실무자가 하는 것이 아니고 회원들이 다양한 형태의 모임이나 반을 만들어서 같이 활동하는 식으로 진행되었어요. 사실 상당히 획기적인 변화였죠. 이전에는 전혀 그런 형태가 아니었거든요. 단지 노조만 그런 형태였고 노동단체는 다 전문 지원단체 같은 성격을 가졌어요. 그런 활동을 하다 보니까 사무장이 되고, 마침내 95년에는 부산여성노동자회와 부산여성회가 통합하게 되죠.

- 당시 거기서 일하시던 분들은 대체로 페미니즘적 시각을 가지신 분들이었나요?

처음 여성운동을 할 때는 페미니즘이라는 것을 잘 몰랐어요. 대학 다닐 때는 페미니즘이라는 말보다는 여성해방사상이라고

사람 속에 함께 걷다

했었죠. 그런데 그때는 여성뿐만 아니라 많은 사람들이 군사독재하에서 신음했고, 또 나라에 군사독재가 있다면 회사에서는 사장님 독재가 있고, 작업 라인에서는 반장 독재, 집에서는 가부장 독재, 학교에서는 교장 선생님 독재, 반에서는 담임 독재, 반장 독재, 말하자면 우리가 독재에 억눌린 삶을 살았거든요. 모든 곳이 민주화가 되어야 한다는 생각이 강했고, 여성들이 억압받는 문제도 그런 연장선에서 함께 고민한 거죠. 가부장 독재도 다른 모든 독재와 마찬가지로 같은 뿌리에 있다고 생각했고, 이제 여성이 아니면 가부장 독재는 잘 모르니까, 여성들이 힘을 합쳐서 전 사회의 민주화와 가정의 민주화를 같이 성취하자, 한 거죠. 물론 여성 억압의 뿌리가 무엇인가 하는 공부는 대학 때 많이 했는데, 말하자면 그게 페미니즘이었어요, 페미니즘이란 말을 쓰진 않았지만.

– 여성운동가로서 박 원장님의 이력은 참 화려한데요. 사실 어느 한 지역 여성 단체장도 그 역할이 쉬운 일은 아닌데, 어느 한 시대 대한민국 모든 여성운동을 총괄하여 이끈다는 것은 그 기획과 운영에 있어서 참으로 남다른 바가 있을 것 같습니다. 한국여성단체연합 일을 언제부터 하게 되신 건가요?

88년부터는 부산지역 여성운동을 했지요. 88년부터 94년까지는 여성노동자 운동을 중심으로 여성운동을 했어요. 95년에는 여성회와 여성노동자회가 합쳐져서 부산여성회가 되었으니까

토론회에서 나는 강의보다는 토론에 능하다. 마치 달리기보다
왕복달리기를 잘하는 것처럼.

그때는 부산의 여성운동을 포괄적으로 진두지휘한 셈이죠. 그러다가 2005년부터 한국여성단체연합 활동을 하게 되었습니다.

– 한국여성단체연합 대표로 활동할 때 역점 사업은 어떤 것이었습니까?

제가 한국여성단체연합 일을 할 때가 2005년이었어요. 2005년이 호주제가 폐지된 해입니다. 호주제가 헌법재판소에서 헌법불합치 판정을 받으면서 폐지되고 국회에서 호주제 폐지 이후 새 가족관계법을 만들어야 했죠. 그때 1인 1 등록의 기본등록제로 할 건지, 근데 그게 변화가 너무 크니까 가족관계등록제로 가게 된 거예요. 그런데 이제 호주제가 제도적으로는 폐지되었지만 문화적으로는 가부장제적인 여러 가지 유습이 남아 있지 않습니까, 그런 문제들을 해결해나가야 하는 과제가 있었죠. 여성운동의 큰 주류에서는 그것을 인식은 하고 있었어요.

호주제 폐지 이후에는 가족 구성원 안에서도 평등하고 민주적인 관계가 되어야 한다는 것, 그리고 다양한 가족 형태 사이에도 차별이 없어야 한다는 생각이죠. 말하자면 이건 정상가족이고 저건 비정상가족이라는 식의 차별이 없어야 한다는 것입니다. 저는 말로만 다루어져서는 안 되고 구체적으로 그것 때문에 어려움을 겪고 있는 사람들의 문제를 함께 해결해나가면서 진행되어야 한다고 주장했습니다. IMF 직후부터 한부모 가족들을 도왔기 때문에 호주제 폐지 이후 우리가 가야 할 길은 한부모 가족을 중심으로 해서 다양한 가족 형태가 인정되고 또 가족 내

평등한 관계를 이루는 문제 해결에 전폭적으로 힘을 쏟아야 한다고 봤죠. 그런데 여성운동 내에서는 안타깝게도 큰 반향을 얻지 못했습니다.

한편으로는 여성노동이 굉장히 중요한 이슈라고 생각했어요. 우리가 사회적 관계를 형성하고 독자적 존재로서 그리고 더불어 살아가려면 중요한 것은 노동권이라고 생각되고, 사회가 계속 존속되기 위해서 중요한 것은 부모권이라고 생각했거든요.

- 여성의 권리로서 노동권과 부모권을 핵심으로 생각하셨군요?

그렇죠. 부모가 될 수 있는 권리, 부모로서 아이들을 잘 돌볼 수 있어야 부모권을 제대로 행사하는 거잖아요. 그러니까 사회가 부모권을 보장해야 한다는 거죠. 요즈음 젊은이들은 아이를 낳지 않으려고 하잖아요. 왜? 나 자신 없다, 이겁니다. 험한 세상에 아이를 낳아서, 애가 무슨 죄냐, 그 애가 행복하도록 내가 키울 수가 없다, 그래서 애를 낳지 않으려는 거잖아요. 내가 힘들어지니까 낳지 않으려는 것도 있지만 아이에게 내가 제대로 해줄 자신이 없기 때문에, 나도 힘든데…. 그래서 요즘 우리 젊은이들은 우리 부모 세대한테 그러잖아요, 어떤 자신감으로 애를 낳았느냐고…. 하하. 그래서 실제로도 정말 노동자가 되려면 부모 되기를 포기해야 하고, 부모가 되려면 노동자가 되기를 포기해야 하는 거죠. 그런데 결혼한 남성들은 그 상황을 아내에게 다 전가하고 노동자로 살아가면서 아내 덕에 아버지도 되는 이런 선택이 가능한 반면 여성들은 양자택일을 해야 하는 상황에 내몰리게 된다는 겁니다. 그래서 노동권과 부모권이 중요하다고 생각을 했습니다. 우리 뒷세대인 소위 '82년생 김지영'들도 겪고 있는데 62년생이나 72년생은 오죽했겠습니까. 그런 면에서 이제 노동권과 부모권이 여성에게도 보장되고 남성들도 육아와 살림에 참여하는 것을 가정과 직장이 공식적으로 받아들이고 인정하는 그런 사회를 만들어나가야 한다고 생각했던 거죠. 그럼 가정을 그렇게 변화시킬 수 있는 사람이 누구냐, 남자들은 아쉽지가 않다는 거예요. 아쉽지가 않으니까 가정의 그런 변화를 위해 힘을 쏟지 않는 거고, 또 노동 현장, 직장을 그렇게 바꾸는 일도 여자가 아쉽지 남자는 아쉽지 않죠, 그때만 해도.

나중에 〈82년생 김지영〉에서는 남자들도 많이 힘들어 하잖아요. 그렇지 못한 직장 문화 때문에. 그런데 그때는 가정이든 직장이든 그런 문화를 당연하다고 생각하기 때문에 그렇지 않은 여자만, 순응하지 못하는 여자만 이상하지 직장이 이상한 게 아니란 말이에요. 그 상황을 답답하게 생각하는 여성들이 먼저 나서서 이린 문화들을 변화시켜야 하니까 사회 변화의 주역이 되어야 한다고 생각했죠. 가정과 직장, 가족과 노동문제를 확 틀어쥐고 말이죠. 그런데 그 당시 여성계는 대체로 폭력문제에 더 관심을 쏟고 있는 형편이었어요. 폭력문제는 가족이나 노동에 비해서 너무 직접적이고 치명적이라서 대체로 거기에 많이 관심을 두는 경향이 있어요.

– 여성이 당하는 폭력문제가 여성운동의 또 한 축이었군요?

　그렇습니다. 여성이 당하는 폭력, 성폭력, 가정폭력, 성매매는 너무 직접적으로 와닿는 우선적인 문제이다 보니까, 가족과 노동을 중심으로 하자는 주장의 입지가 좁아지는 거죠. 그런데 저는 여성이 폭력적인 상황에 많이 노출되는 것도 가정과 노동 현장에서 여성으로서 자기 자립적인 삶을 살아갈 수 있는 사회적 환경이 마련되지 못했기 때문이라고 봤어요. 그러니까 가정, 가족 안에서 맞고 사는 거고 또 직장에서 위치가 낮으니까 또 붙어 있으려고 성추행, 성희롱도 일어나는 거고…. 이렇게 폭력문제도 가족, 노동문제로 연결되어 있다고요.
　여성폭력 중의 하나로 가정폭력이 있잖아요, 가정폭력의 경우, 맞고 사는 여성들은 절대 가정을 깨면 안 된다는 생각으로 맞으면서 살고 있거든요. 아이들을 위해서라도 참으면서 사는 건데, 인간으로서 도저히 살 수 없는 그 가족의 틀을 깨고 새로운 가족을 형성해야 한다는 거죠. 그래서 도저히 견딜 수 없는 경우에는 맞고 살 바에야 그냥 이혼하는 게 낫다, 그렇게 해서 이혼을 하게 되면 이제 한부모 가족이 돼서 살게 되는 거잖아요. 그렇게 여성 한부모 가족이 되었는데 여성단체에서는 관심을 두고 도와줄 여력이 없다니까….
　가정폭력상담소를 운영하는 여성운동단체 활동가들에게 항의와 하소연을 많이 했습니다. 가정폭력으로 이혼한 분들이 아이들을 데리고 잘 살 수 있도록 사회적으로 필요한 정비를 왜

　사람 속에 함께 걷다

하지 않냐, 한부모 가족들의 삶을 지원하고 도와주는 그런 활동이 필요하지 않냐? 생명의 위협을 느끼면 이것저것 다 떠나서 뛰쳐나와야 하고, 뛰쳐나왔으면 어떻게 혼자 아이들을 데리고 살아갈 건가, 아이를 데리고 와서 살 수 있도록 준비할 건가, 또 내가 형편이 안 돼서 아이들이 아빠와 사는 게 낫다면 내 삶을 잘 챙기면서 아이들에게 좋은 영향을 줄 수 있을지, 그런 것을 준비하게 해야 한다는 거죠. 사실 아이를 부모 둘이 키워도 힘든데 혼자서 그 힘든 일을 겪고도 아이를 계속 키우는 사람들이 참 대단한 거 아니냐, 그래서 경제적으로나 제도적으로 한부모 가족들을 뒷받침해주어도 부족한데 오히려 사회적 비난이 쏟아지고, 편모 가정에 문제아 생긴다는 식으로 냉대를 하면서 그 짐을 또 한부모와 아이가 짊어지게 하잖아요. 이혼 후의 문제에 대해서도 같이 고민하고 지원해야 하지 않냐. 그래야 가정이든 직장이든 남녀 구성원 모두가 행복해질 수 있다는 주장을 하고 그랬어요.

– 한부모 가족에 대한 이해와 애정이 깊으시군요. 또 다른 이슈들도 있었습니까?

여성정치참여 문제가 있었습니다. 참여정부였던 2004년에 여성들이 국회에 많이 진출했잖아요. 그게 최대로 진출한 거였거든요. 2004년과 2012년에 여성들이 많이 선출되었고, 그래서 여성정치참여 확대가 아주 중요한 이슈였죠. 국회뿐 아니라 지방자치 의회나 지방자치단체장에 있어서도 여성 비율을 더 높여야 하고 공기업 같은 임명직에서도 여성 비율을 많이 높여야 한다, 고위 선출직, 임명직의 의사 결정에 있어서의 여성 대표성, 그러니까 대표성 부분에 있어서 여성참여 비율을 확대하는 것, 그게 기억나는 중요한 이슈였어요.

– 한국여성단체연합 대표로서의 활동에 있어서 본인만의 어떤 특징이 있었는지요?

제가 한국여성단체연합 대표가 된 것은 주로 지역 여성단체 대표성 때문이었죠. 그 당시 지역 단체들이 많이 약화되어 있었거든요. 부산여성회만 계속 활성화되고 확대 강화된 거예요. 그래서 전국단위 조직위원장을 맡게 되었고 대표를 맡았죠. 제가 주력한 것은 지역 여성단체 활성화, 지역 여성운동 활성화였어요. 풀뿌리 여성운동이란 이름으로 전국사업을 시작하게 되었습니다.

여성운동은 그 당시까지 여성운동 지원센터 성격이 강했어요. 성폭력 문제만 봐도 성폭력 피해자를 지원하는 사람들이 주로 활동하고 피해자는 그 서비스를 받는 거잖아요. 가정폭력도 마찬가지고 성매매도 마찬가지였죠. 그리고 여성노동단체에서도 여성노동자들을 지원하고 상담하는 사람들이 주로 활동하고 여성노동자들은 단순히 서비스를 받는 입장에 있었어요. 어떻게 보면 여성운동은 소명의식을 갖고 목적의식적으로 참여한 활동가와 그 분야에 전문적인 지식이 있는 전문가들이 중심으로 활동하고 대다수의 여성들은 그런 사람들이 제공하는 서비스를 받았죠. 전문가들이 어려움을 겪는 여성의 실태를 파악해서 법을 만들고, 여성들은 법의 혜택을 받는 방식이죠.

그런데 제가 부산에서 여성운동을 키운 것은 그런 방식의 전환점을 만들었기 때문입니다. 여성들이 전문가 지원단체로부터 서비스를 받던 데서 여성 문제를 직접 겪고, 안고 있는 여성들이 주체가 되어서 문제를 해결하는 거였어요. 그래서 그 사람들이 단체를 만들고 조직을 만들면서 조직의 힘으로 문제를 풀어나가는 방식으로의 전환, 아주 작지만 그런 전환을 한 거죠. 그래서 여기서도 이제 그런 전환을 가져와야겠다, 해서 생활 속에서 여성 문제를 안고 사는 평범한 여성들이 문제를 해결하는 주체가 되었어요. 이런 형태로 벌이는 활동을 전부 제가 풀뿌리 여성운동이라고 지칭을 한 거죠. 처음에는 그걸 지역여성운동이라고 했어요. 근데 지역여성운동이라고 하니까 서울은 빼고 지방으로만 생각하는 그런 경향이 있더라고요. 그래서 서울도 마찬가지고 또 전국 어디라도 마찬가지로 다 이런 방식을 기본으로 해야 한다고 생각해서 풀뿌리 여성운동이라는 일률적인 이름을 사용한 거죠. 우리 여성운동이 뭐 잘난 사람들, 똑똑한 사람들, 그래서 많은 사람들이 생각하는 것처럼 여성운동이라면 자꾸 공부를 많이 해야 하는, 가방끈이 긴 사람, 이런 사람들이 하는 게 아니고 여성으로 살면서 자기가 느끼는 삶의 현실에 대해서 말하고 싶은 사람들은 다 할 수 있는 게 여성운동이어야 한다, 쉽게 말해서 딱 그거죠.

그렇게 보면 우리 여성운동에서는 무슨 공부를 열심히 해야 할 수 있는 여성운동이 아니고, 내가 어떤 것이 가장 힘들고 불편한지 의식하고 또 어떻게 되었으면 좋겠는지 하는 바람, 이 두 가지가 큰 기둥이 되어서 실천하고 실험하면서 풀어나가는 것이었죠. 여성들이 갖고 있는 힘과 경험과 지식, 기술로 그걸 풀어나가는 데서 이 문제를 제대로 모르겠다, 왜 이런 문제가 생기는지 모르겠다, 또 이걸 풀어나갈 방법을 모르겠다 싶을 때 공부를 하는 거죠. 이래야 우리가 오랫동안 바라던 여성운동의 대중화를 이룰 수 있다는 거예요. 여성운동의 대중화, 지역화는 한 사람 한 사람이 모두가 주체로 참여할 때 이루어진다고 생각하게 된 거죠.

제가 처음 부산 여성노동자회 활동을 할 때, 여성으로 살면서 어려운 점, 힘든 점이 뭔가, 꼭 고쳤으면 하는 게 뭔가 이런 것과 이제 우리는 어떤 삶을 바라나, 우리는 어떤 지역사회를 원하나, 어떤 대한민국을 원하나, 이런 것을 가지고 여성운동을 펼쳐나가는 방식의 전환을 했어요. 그렇게 하니까 보이는 거예요. 그때 제가 썼던 글 중에 풀뿌리 여성운동이 여성운동의 마르지 않는 샘을 다시 복원시켰다고요. 거기서 정말 새로운 사람들이 여성운동의 장으로 들어오는 거예요. 예전 같으면 이것은 결국 남의 문제라고 생각했을 사람들이 여성운동에 들어와 많은 활동을 하면서 그 지역의 여성단체들이 활성화되었죠. 처음에 90년대에 여성문제의 심각성을 자각하는 활동가들이 여성단체를 많이 만들거든요. 단체를 많이 만들어서 그런 문제의식을 갖고 활동했는데 물려줄 후배가 들어오지 않는 거죠. 그런데 일반 사람들은 여성단체 활동이 좋긴 좋은데 감히 자기가 들어갈 곳은 아니고 그냥 우리를 도와주는 곳이다, 이렇게 인식하고 있으니까 점점 약화될 수밖에 없었어요. 성폭력상담소 같은 곳도 회원들이 있는데 상담원 자격증을 가지고 있는 사람, 복지학과를 나온 복지사들이 일반 직장처럼, 체험을 하는 상황이 된 거예요. 풀뿌리 여성운동을 하면서 많은 사람들이 자기가 해결하기를 원하는, 또는 어떻게 되기를 바라는 지점에서부터 참여함으로써 여성운동에 대해 이해하게 되고 여성운동이 필요로 하는 또 다른 영역으로 옮겨가는 일들이 활발하게 진행됐죠. 그리고 지역의 마을 만들기 프로젝트라든지 공교육 문제 등에 여성운동이 적극적으로 뛰어들 수 있도록 하는 그런 역할을 했죠.

발로 뛰는 주민활동가

- 지역활동가로 왕성하게 활동을 하셨는데, 건강도시사업은 어떤 건 가요?

도시 전체 시민들의 건강상태를 아주 좋은 곳으로 만들자는 사업입니다. 세계건강도시협약과 세계건강도시회의가 있어요. 부산은 그 가운데 2010년에 세계건강도시회의에 참여했어요.

우리가 생활하면서 사람들에게 인사할 때도 "늘 건강하세요.", "건강하고 행복하세요." 하죠. 그만큼 건강은 행복한 삶의 기본 조건입니다. 그래서 현대 사회에서 주민의 건강은 개인만 아니라 국가와 지방자치단체가 모두 관심을 기울여야 하는 중요한 문제로 자리매김하고 있습니다.

- 건강의 사회적 결정요인은 무엇일까요?

예전에는 건강이 타고난 것이거나, 개인의 생활 습관에 좌우된다고 생각해서, 정부에서 할 수 있는 것은 정보 제공 수준 정도라고 생각했습니다. 하지만 많은 연구를 통해 타고난 것보다

사람 속에 함께 걷다

사회적 영향이 훨씬 크고, 사람들의 건강에 영향을 끼치는 습관도 개개인의 노력보다 사회적 환경이 더 중요하다는 것이 밝혀졌습니다. 좋은 습관을 들일 만한 사회경제적 여유가 되느냐 안 되느냐 이런 것들이 굉장히 작용을 많이 한다는 거죠.

예를 들어서 실직을 하면 먹는 것도 끊기는 환경인가, 실직을 하더라도 일정한 생활 수준을 유지하면서 좋은 생활 습관을 유지할 수 있는 환경인가에 따라 건강이 달라진다는 거죠.

또 다른 예를 들면 마트 노동자의 경우, 밤낮없이 일을 하다 보면 저녁에도 형광 불빛에 노출되어서 건강이 나빠지죠. 소비자들의 어떤 불합리한 요구에도 모두 네, 라고 해야 할 때와 노동자와 소비자가 사회경제 활동을 하는 주체로서 상호 존중할 때 건강은 달라집니다. 감정노동을 무조건적으로 요구받을 때와 그렇지 않을 때의 건강상태가 다르다는 거죠.

영국의 연구에 의하면 하급자일수록 사망률이 높고 건강상태가 안 좋다는 결과가 나왔습니다. 상급자보다 상급자의 지시에 따라야 하고 상사의 눈치를 항상 봐야 하는 사람들은 건강상태가 훨씬 안 좋다는 거죠. 이것은 평등할수록 건강이 좋고 불평등할수록 건강이 안 좋다는 말입니다. 사회적 격차도 건강에 큰 영향을 끼친다는 연구결과도 있습니다. 사회적 격차가 클수록 사람들 간의 불화가 심하고 적을수록 화목한데, 화목할수록 건강에 좋고 불화가 심할수록 건강이 안 좋다는 것은 당연하죠.

이와 같이 건강에 좋은 영향을 끼치는 사회적 요인들은 활성화하고 나쁜 영향을 끼치는 사회적 요인들은 억제함으로써 주민들을 건강하게 만드는 것이 건강도시사업의 핵심입니다. 사회적 요인이 건강에 결정적으로 영향을 끼치고, 그 사회적 요인 중에서도 개개인이 속해 있는 공동체가 큰 영향을 끼칩니다. 우리들의 삶에 직접적인 마을 학교 직장 공동체죠. 그 사람이 생활하고 일하고 배우는 공동체가 건강에 영향을 많이 끼치고, 그중에서도 마을이 다른 것보다 더 복합적으로 건강에 영향을 끼치며, 그 마을의 자연환경적 요인, 경제적 요인, 사회관계적 요인들이 복합적으로 주민의 건강에 상당한 영향을 끼치기 때문에 주민들과 지자체가 힘을 합쳐서 마을공동체를 건강에 좋은 방향으로 만들어야 해요. 이것을 목표로 하는 것이 건강마을사업입니다. 건강마을사업은 처음에 한 개 동에 시범사업을 한 것에서 시작해, 2010년부터 2013년에 걸쳐 16개 구군에서 최소한 한 개 동이 참여하는 사업으로 발전했어요.

제가 이 사업에 참여하게 된 계기는 주민조직화 때문입니다. 건강마을사업에서는 마을공동체 활동이 중요한데 우리가 사는 곳은 행정상으로 나뉘어 있지 주민의 조직체로 되어 있는 것은 아니지 않습니까? 주민들을 건강마을공동체로 어떻게 조직화할 것인가가 바로 건강마을사업의 핵심인데 제가 이 부분에서 노하우가 있습니다. 건강마을공동체로 주민을 조직하는 일과 조직된 건강마을공동체를 잘 운영하고 발전시켜가기 위한 교육을 하였고, 2013년부터 지금까지 건강도시사업지원단에 속해서 힘을 보태고 있어요.

사람 속에 함께 걷다

– 주민활동가로 활동을 하셨죠? 트레이너?

주민활동가보다는 트레이너로 활동을 주로 했습니다. 주민조직을 만드는 데는 주민과 주민지도자, 주민조직가가 필요합니다. 주민지도자와 주민조직가를 합쳐서 주민활동가라 부르는데, 트레이너는 이들을 교육하고 훈련하는 사람입니다. 강사와는 좀 다른 개념이죠.

– 주민조직가가 주민을 조직하나요?

지역사회에서 주민들이 느끼는 문제를 풀어가는 주체는 주민입니다. 그 주민들 속에서 주민들을 조직으로 묶어 문제를 해결할 힘을 만들고 주민들을 조직적으로 활동하게 하여 목표를 달성시키는 주민지도자가 나옵니다. 주민들이 조직화되는 과정이 주민지도자가 형성되는 과정이고 마을주민공동체가 만들어지는 과정이죠.

주민조직가는 주민들이 스스로 조직화를 해낼 힘이 없을 때 필요한 존재입니다. 주민조직가는 마을로 들어가 주민들과 대화하고 관계 맺으며 주민들의 공통된 필요와 요구를 파악합니다. 해당 이슈의 해결로 주민들을 묶어낼 잠재력이 있는 주민을 주민지도자로 발굴하고 그를 도와 주민조직화를 촉진시킵니다.

주민지도자와 주민조직가가 얼마만큼 주민들을 잘 조직해내고 또 주민들이 활동을 주도적으로 할 수 있도록 해내느냐에 따라서 마을공동체가 잘 되는 거죠. 주민지도자와 주민조직가의 역할을 잘 알고 행동하도록 기초를 잘 잡아주는 역할을 트레이너가 하는 겁니다. 이 교육은 지식을 가르치는 게 아니고 마을에서의 활동에 대한 피드백을 중심에 놓습니다. 자립적으로 역할을 할 수 있도록 말이에요.

- 다른 사람들이 하는 걸 보니까 직접 마을에 가서 살기도 하던데요.

그 다른 사람들은 주민조직가예요. 주민지도자는 그 마을에서 원래부터 사는 사람입니다. 주민조직가는 그 마을에 살지 않는 사람으로 마을에 가서 살면서 주민들을 만나고 1주나 2주에 한 번씩 트레이너에게 주민조직활동에 대한 피드백도 받고, 깊이 생각해야 할 주제를 놓고 토론도 합니다.

- 6개월 만에 힘들 것 같은데요.

주민조직가가 아예 6개월을 가서 살면 가능해요. 그런데 일주일에 하루 이틀씩만 들어가는 정도면 힘들죠. 주민들에게 녹아들면 6개월이면 가능합니다.

- 건강마을사업 외에도 트레이너를 했습니까?

저는 1990년부터 여성조직들을 직접 만들고 인큐베이팅한 경

사람 속에 함께 걷다

험을 바탕으로 2006년부터 2008년까지 한국주민운동정보교육원의 조직가훈련, 트레이너 훈련을 받았습니다. 서울, 대전, 대구울산, 광주, 경기, 경남, 충남, 충북, 제주 등 이 분야에서는 전국적으로 활동해왔습니다.

부산에서는 건강마을사업 이에도 2012년과 2013년에 커뮤니티뉴딜사업에서 트레이너를 했고, 2013년과 2014년에는 산복마을 활동가 3, 4, 5기 교육 훈련을 시켰습니다.

- 그리고 노인대학을 운영하시기도 하셨던데, 하시면서 들었던 생각은요?

노인대학을 현재 하고 있는 건 아니고요. 지금은 인재평생교육진흥원에서 노인교육을 위한 재능기부강사단을 운영하고 있습니다. 작년에 대한노인회 부산연합회 임원단과 지회장님들을 뵈었어요. 각 지회마다 노인대학이 있는데 운영비가 부족해서 좋은 강사를 많이 부르지 못하니 인평원에서 무료로 강사 파견을 해달라고 하셨어요. 가톨릭노인대학 연합회 회장님도 좋은 강사를 파견해주면 좋겠다 하셨죠. 원래 하지 않던 사업이라 예산이 없어서 재능기부로 시작을 했습니다.

재능기부강사단으로 50여 분이 신청하셔서 발대식을 했습니다. 노인대학, 가톨릭노인대학, 노인복지관에서 강사를 요청받아 몇 분이 강의했다고 합니다. 얼마 전에 대한노인회 산하 노인대학연합회에서 경연대회를 했는데 한 지역의 노인회 사무국에서 경로당에도 강사를 좀 보내 달라고 했죠. 경로당에 강사를 파견해서 다양한 교육을 진행하고 있기는 한데, 모든 경로당을 가는 게 아니라 몇 군데만 뽑아서 간답니다. 수요가 많으니 이 사업을 시작하기 잘한 것 같습니다. 또 한편으론 우리가 재능기부 강사단을 모집한다고 페이스북에 올렸더니 돈을 줘야지 노동의 대가를 안 주고 공짜로 봉사만 받으려고 하나, 이렇게 항변하는 분도 계시긴 했어요.

앞으로 노인교육과 관련해 인재평생교육진흥원에서 했으면 하는 것 중의 하나는 영국과 프랑스에서 활동하는 노인교육단체 U3와 같은 것을 만드는 것입니다. 그 단체는 75세 이상 노인들이 회원으로 가입해요. 회원들이 강사도 되고 수강생도 되어서 학교를 꾸려갑니다. 전부 다 재능기부로 하는데, 다양한 종류의 수준 높은 강의가 열린답니다. 영국에서만 회원이 10만 명쯤 된다고 해요. 우리나라 희망제작소에서 벤치마킹하여 지혜의 학교를 운영했죠. 그런데, 우리는 65세 이상으로 연령을 좀 낮춰야 회원들이 다양한 강의를 열 수 있지 않을까 해요.

– 자원봉사센터 운영할 때는 그와 같이 재능기부를 연결해주는 식인가요?

자원봉사센터 소장 할 때 그랬죠. 그때는 자원봉사를 필요로 하는 쪽과 자원봉사를 하고 싶어 하는 사람들을 연결해주는 일을 많이 했었죠. 별도의 기획은 많이 안 했던 것 같아요. 자원봉

사람 속에 함께 걷다

사센터는 소극적으로 연결하는 것을 넘어서 수요와 공급을 창출하는 기획이 중요합니다. 예를 들면 유럽의 U3 같은 것을 만들려면 기획을 해야 하잖아요? 재능기부 강사단처럼 기획해서 사람을 모으고 찾고 하는 것처럼 말이죠.

- 구가 되었든 시가 되었든 하나의 지역사회 안에서 자원봉사 시스템 같은 것들이 갖추어지는 것은 중요한 문제겠네요?

구 단위로 자원봉사센터가 있습니다. 자원봉사 분야에서는 우리 부산이 앞서나가는 지역이었죠. 한국자원봉사연합회도 부산에서 만들어졌고. 지금은 부산이 뒤처진 것 같습니다. 굉장히 혁신적으로 진행할 수 있는데 말이죠. 자원봉사는 꼭 돈이 있어야 할 수 있는 게 아닙니다. 필요가 있는 곳에 활동이 있고, 필요가 있는 곳에 인력이 만들어지는 것이 자원봉사예요. 예를 들면 우리는 병원에만 있으니까 너무 갑갑해, 참 무료한데 재밌는 것이 없을까, 누구라도 와서 노래라도 불러주고 이야기라도 해주고 춤도 추고 게임도 해주고 이러면 참 좋겠다, 이러잖아요? 그게 필요합니다. 그런데 그런 재능이 있는 사람들이 아 누가 우리 좀 불러주면 좋겠다, 돈 안 받아도 좋은데, 그런 자리 좀 마련해주면 좋겠다, 이렇게 맞아떨어지면 되거든요.

그러면 실력이 자라고, 무대 매너도 좋아지고, 또 사람들이 행복해하는 것 보면서 기분도 좋죠. 그것을 결합해서 기획하고 만들면 아주 재미있는 거예요.

- 자원봉사가 참 재미있는 거군요.

　자원봉사가 재밌죠. 사회적 문제가 많잖아요. 그 사회적 문제를 해결하는 것도 자원봉사로 접근할 수 있어요. 강요도 없고 대가도 없지만, 스스로 아 이런 문제가 사회적으로 있네, 이것 해결해야 해, 하면서 나서는 거잖아요. 그걸 자원봉사라 하면 그 사회문제가 수요처고 그 나선 사람들이 자원봉사활동을 하는 사람들이거든요. 그런 크고 작은 지역사회 문제를 자원봉사 시스템으로 해결할 수가 있어요.

　돈을 안 받고 하는 게 좋을 수도 있습니다. 돈을 받고 하면 돈 준 사람이 "이런 식으로 해야 해, 이건 꼭 해야 해." 하는 요구를 많이 하지만 자원봉사자들은 머리를 맞대고 창의성을 모두 발휘해서 할 수 있잖아요. 자원봉사는 개척자 정신으로 창업가 정신으로 할 수 있어 매력적입니다. 자원봉사센터 운영과 사업을 행정관료적 방식으로 하면 다 죽어요.

　97년에 부산시 자원봉사센터가 만들어질 때 제게 소장을 하라는 요청이 왔어요. 부산여성회 회장을 겸임해도 된다는 좋은 제안이라 하고 싶었습니다. 멋지게 할 자신이 있었거든요. 당시 동래여성인력개발센터를 개관해야 했는데 회장이 다른 일을 하면 센터 운영에 어려움이 생길 수 있다고 임원들이 반대하여 제안을 받지 못했습니다. 좀 아쉬웠죠.

- 자원봉사활동이 사회적 문제를 해결하기도 하네요.

　사람 속에 함께 걷다

그뿐 아니라 새로운 사회경제활동을 만들어내는 진원지도 될 수 있습니다. 자원봉사는 개인적 필요나 사회적 공공적 필요에 대응해서 활동이 이루어집니다. 개인적인 생활의 필요를 자신의 힘으로 충족시키지 못하는 어려운 사람들에게 자원봉사자를 투입합니다. 예를 들어 혼자 사는 아픈 노인에게 간호 간병을 해주는 일이라 합시다. 이 활동은 일시적으로 몇 차례 해서 끝날 게 아니고, 지속적으로 해야 하는 일이에요. 그리고 이를 필요로 하는 사람들이 많아진다면 이 활동은 자원봉사를 넘어서 사회적 서비스로 가야 합니다. 그럼 이 활동을 하는 노동자들이 새롭게 만들어지고 이 활동은 직업이 되죠. 지금 우리가 돌봄서비스다, 사회적 서비스다, 하는 직업들을 예전에는 모두 자원봉사로 했잖아요.

– 아기 돌보는 것은요?

아기 돌봄은 가족이나 이웃이 도와줬던 일이라 자원봉사활동이란 말도 안 썼고, 독거노인 돌봄이나 아픈 사람 돌보는 것을 자원봉사로 했죠.

여성단체 상담소의 상담원들도 처음에는 자원봉사로 상담을 했어요. 그런데 상담이 사회에 너무나 많이 필요하게 되었고, 상담이 사회 공적서비스로 인정을 받으니까 상담원 자격증이 생기고 정부가 지원하면서 새로운 직업이 된 거죠. 성폭력상담소, 가정폭력상담소, 성매매피해여성지원상담소, 남녀고용평등상담소의 상담 등도 처음에는 자원봉사로 진행했다가 사회공적서비스가 되고 그 공적서비스를 수행하는 사람들은 경제활동 참가자가 된 거죠.

그렇게 자원봉사 영역으로 사업을 펼치다가 사회서비스로 전환 시킬 요건을 갖추면 사회서비스로 전환하는 시스템이 잘 갖추어지면 좋겠습니다. 그에 따라 직업적으로 할 사람은 사회서비스로 가고 자원봉사를 계속할 사람들은 자원봉사 영역에서 일시적인 돌봄을 해주면 되는 거잖아요. 그런 사람도 있으니까요. 자원봉사로 진행된 활동을 분석하면 사회서비스를 정교하게 설계되는 이점도 있을 겁니다.

– 자원봉사활동이 직업으로도 연결되네요.

자원봉사활동을 자기에게 맞는 직업을 찾아 나가는 경로로도 적극 활용할 수 있습니다.

새로운 일을 하고 싶은데 무엇을 할지 모르면 우선 다양한 자원봉사활동에 참여를 해보는 거예요. 그래서 내게 딱 맞는 것을 만나면 그 분야로 일을 찾으시면 큰 도움이 되겠죠. 실직자들이나 오래 쉬었다 다시 일하려는 사람들도 다양한 자원봉사활동 중에서 자기가 관심이 많은 두세 개에 도전을 해보고 더 맞는 쪽으로 직업교육과 훈련을 받거나 취업, 창업을 시도하는 것도 좋을 것입니다.

자원봉사활동이 직업으로 연결되는 경로로 적극 활용된다면

사람 속에 함께 걷다

여성자원봉사를 활성화하는 계기도 될 것입니다. 제가 95년에 자원봉사센터 소장이 되었을 때, 자원봉사자들과 간담회를 여러 차례 했습니다. 그때 한 분이 이런 이야기를 했어요. 자원봉사를 열심히 하던 어느 날 자기는 문득 집에서도 맨날 밥하고 청소하고, 밖에 나와 봉사하면서도 밥하고 청소하는 모습에 회의감이 든다는 거예요. 자기는 10년을 같은 위치에서 같은 일만 하고 10년 전에 자기들 봉사자를 담당했던 복지사들은 이제 과장이고 부장인데 그것과도 비교된다는 거죠. 저 사람들은 저렇게 발전하는데 우리는 맨날 그 자리에서 맴도는 것 같아서 하기가 싫더라는 거예요. 그 이야기를 듣고 자원봉사자의 성장과 발전이 동반되도록 자원봉사를 기획하는 것이 중요하다는 생각을 했습니다. 봉사자들은 봉사를 통해서 봉사 받는 사람이 기뻐하는 모습을 보고 보람을 느끼는 것은 기본이고, 자신도 성장하기를 바라는 욕구가 있는 겁니다.

– 여성들이 경제활동에 적극적으로 참여하니까 과거처럼 여성자원봉사가 많지 않을 겁니다. 앞으로 연금제도가 안정적으로 운용된다면 은퇴자들의 자원봉사를 활성화해야 하지 않을까요?

우리보다 연금제도가 빨리 시행된 일본에서는 퇴직하고 연금으로 노후를 보내는 사람들이 자원봉사활동에 많이 참여하고 있어요. 어려운 사람을 돌보고 활동, 지역사회의 요구를 실현하는 활동이 많고, 특정한 사회문제 해결을 위해서 자기 혼자 활동하는 1인 자원활동가도 많습니다.

　이제 우리도 은퇴자들에게로 눈을 돌려야 합니다. 일본은 개별적으로 활동하는 편인데 우리는 붐과 유행이 있어요. 이런 성향을 자원봉사로 연결시키면 참 좋겠죠. 또 봉사로 했던 활동을 당사자 활동으로 전환하는 것도 상당히 좋습니다. 예전에 가난한 한부모 가정의 아이들에게 책 읽어주는 엄마산타 봉사활동이 있었어요. 이제는 한부모 가정의 부모들이 야간 공동육아 야간 품앗이학교를 하는 겁니다. 그분들이 저녁 시간에 일주일에 두세 번 정도 늦게 오는데 아이들을 어떻게 돌볼 것인가? 고민이 많죠. 같은 처지의 부모들이 모여서 궁리를 하여 아이들을 모으고 부모들이 요일별로 당번을 짜서 돌보게 되었습니다. 그럼 이것은 자원봉사가 아니라 당사자의 자조활동인 거죠. 우리 생활에서 자조활동과 봉사활동이 씨줄 날줄로 연결되는 활동이 많아지면 우리의 삶이 훨씬 풍요로워질 것입니다.

－ 봉사활동과 자조활동, 접근이 조금씩 다를 수 있겠네요.

　제가 하는 강의 중에 마을공동체를 만들어가는 세 가지 활동이 있어요. 마을공동체를 만드는 데 공통된 것은 필요에서 출발하는 겁니다. 그 필요를 찾는 세 가지 방법이죠. 한 가지는 나의 필요를 해결하기 위해 나와 같은, 필요를 느끼는 사람들을 모으는 겁니다. 자조활동을 통해서 자조모임이 만들어지고 조직이 확대되어 마을공동체가 만들어지죠. 마을공동체 활동이 대체로 그래요. 또 하나는 다른 사람의 필요에서 출발합니다. 자기 힘으로 자신의 필요를 충족시킬 수 없는 마을 사람을 안타깝게 생각하고 도와주고 싶은 마음을 가진 사람들이 모여 봉사활동을 합니다. 상담을 비롯해 다양한 지원활동이 그렇게 이루어지고 있잖아요. 또 하나는 나를 포함한 마을 사람들 모두의 필요입니다. 오염이나 교통체증 등 주민들 모두에게 영향을 끼치는 마을 문제, 그런 문제를 같이 해결하는 과정에서 공동체가 생겨나는 거예요.

마을공동체를 만드는 데는 나의 필요가 중요합니다. 나의 필요는 처음부터 끝까지 꼭 있어야 해요. 그런데 나의 필요에만 기초하면 너무 협소해져요. 남을 돕는 활동은 좋지만 남을 돕기만 하다 보면 힘들고 오히려 메말라 갈 수 있거든요. 그래서 남을 돕는 활동을 하면서 자기의 필요도 들여다봐야 해요. 그 속에서 자기들의 필요를 충족시켜주는 활동을 보완해서 계속 활력을 갖도록 해줘야 하죠. 마을 문제 해결에만 매달리면 소수의 사람만 남게 돼요. 다른 두 가지 계기를 접목해야 합니다. 이때, 우리는 두 번째, 세 번째 활동을 봉사라 해요. 봉사가 중요합니다.

– 마을이라고 할 때, 마을의 개념은 한 동을 얘기하는 거예요?

이야기하는 사람마다 다른데, 마을은 일상적으로 말을 주고받는 범위에서 유래되었다고 하는데 맞는 것 같아요. 동네는 동 자가 삼수 변에 같을 동 자로 우물을 같이 먹을 정도로 가까운 범위를 말하죠. 그런 동네 몇 개를 합쳐서 마을이라 하는데 마을은 어떤 일이 생기면 삽시간에 소문이 퍼지는 범위가 되는 겁니다.

- 제가 시골에 살 적에도 우물이 세 개 있었어요. 세 개 가운데 가장 큰 우물의 물을 먹는 집이 한 스무 가구 정도 되고, 또 한 우물은 아주 작아서 네 가구가 나눠 먹고, 다른 우물물은 다섯 가구 이렇게…. 아! 진짜 그분 말이 딱 맞네요, 같은 우물물을 먹는 사람들을 동네라 하고 그걸 다 합쳐갖고 자연 경계나 도로든 딱 끊어지는 데를 마을이라고.

  도시에서는 자연적 경계가 불분명하죠. 그래서 도시재생사업에서 마을이라 할 때는 천 세대의 이삼천 명 주민 범위를 놓고는 하죠. 부산의 경우에는 보통 2개통이 됩니다.

- 이 주제 하나하나가 진짜 얘기할 게 많네요.

  부산 원도심에서 도시 재생을 하려면 먼저 마을공동체를 살려야 해요. 마을 주민들이 중심이 되어 도시 재생을 해야지. 남이 그려주는 것으로 하게 되면 또 마찬가지입니다. 도시 재생과 마을공동체와 마을 민주주의, 주민자치 이런 개념들이 다 연결되어 있습니다. 이들을 관통해서 주민들의 자조활동, 조직활동이 가장 중요한 문제가 되는 거죠.

사람 속에 함께 걷다

- 자활은 차상위 계층의 자립을 돕는 사업인가요?

　조건부 수급자들과 차상위 계층의 자립을 돕는 사업입니다.
우리나라는 생산적 복지를 지향하니까 조금이라도 일할 수 있
는 사람에게는 일을 시키기 위해 일거리를 만들고 공동작업을
만들어내야 하죠. 자활사업 참여자들의 여러 가지 노동의 경험,
현재 잘하는 것, 건강을 고려해서 사회적으로 필요한 일이면서
시장에 진입을 안 해도 되는 틈새를 찾아 일하는 거죠. 노동능력
이 많이 떨어지는 사람들이잖아요? 애가 너무 어리고 혼자 키워
요. 엄마든 아빠든 혼자 키우는데, 그래서 가까운 마을에서 7시
간만 노동하고 아이를 돌본다든지 이런 식이잖아요. 그중에서
도 사람들의 의지라든지 능력이 차이가 나는 거예요. 의지도 있
고 능력 있는 사람을 중심으로 같이 팀을 짜서, 어떤 사람은 실
력으로 챙기고 어떤 사람은 관계로 챙기고 자활후견기관 직원
들이 하면서 사람들이 서서히 일도 더 잘하게 되고 이런 경우가
있기도 하죠. 그리고 후견기관에서 간병인도 그렇고, 가사전문
서비스, 요양보호사를 키워냈죠.
　흔히 사람의 역량은 지식과 기술과 태도의 3요소로 구성된다
고 하는데, 신체적 정신적 건강은 이 역량을 발휘하기 위한 기본
조건이죠. 사회생활이나 일을 하는 데 있어서 꼭 필요한 기초 역
량인 의사소통 능력과 수리능력이 전혀 훈련되지 않았거나 중
단되고 퇴행한 사람들도 있어요. 그런 부분들은 회복을 시키면
서 일을 해야 하는 거죠. 자활에는 평생학습이 중요한 거 같아

요. 자활에 오면 사람들을 회복시키는 프로그램을 꼭 시행해야 할 것 같아요. 예를 들면 건강프로그램을 매일 한 시간씩 진행합니다. 재미있는 건강프로그램에 매일 함께하면 관계 형성에도 좋을 거 아닙니까. 운동하고 또 한 시간 정도는 노래 등 다양한 문화예술 활동을 하고요.

– 그러니까 신체적, 정신적 건강을 함께 챙긴다는 말씀이시죠?

 네, 신체적, 정신적 건강! 체육활동과 문화예술활동을 통해서 의사소통도 많이 하게 되죠. 작업과 달리 문화예술활동과 체육활동은 이해관계가 없지 않습니까? 친근하고 친밀한 관계 형성에 좋죠. 이렇게 형성된 관계들이 다시 일하는 관계에 영향을 줘서 공동체사업단을 만드는 데 좋은 토대가 되는 거죠. 그런데 보건복지부에서는 시간을 안 줘요. 빨리 사업단을 만들어야 하고, 다른 쪽에서 성공한 자활 모델을 빨리 실행하라는 거죠. 그런데 그렇게 하면 안 되잖아요. 그러니까 자활사업이 얼마나 성공했는지를 모르겠어요. 자활후견기관의 직원들이 고생을 많이 하죠. 목표는 참 과하고, 그들을 자활하게 만들라는 거잖아요?.

– 유럽의 마더센터 경험이 시사점을 많이 준다면서요.

 네, 시사점이 많아요.
 마더센터는 한부모 가정의 자립에 큰 힘이 되고 있는데, 독일 등 75개국에서 마더센터를 운영하고 있어요. 한부모 가정은 이혼이나 사별로 오랫동안 어려움을 겪습니다. 폭력으로 이혼했을 경우는 더하죠. 한부모 가정의 사람들이 종종 심리적 경제적으로 어려움을 극복하지 못하고 약물과 알코올에 의존하면서 아이들도 잘 돌보지 못했어요. 한 싱글맘 가정에는 한 명의 복지사가 필요하다는 말이 생길 정도로 한부모 가정의 상태가 심각했답니다. 한 가정에 한 복지사가 투입될 정도로 당사자의 자립의지가 없는 지원은 끝이 없다는 거죠.

예산으로 감당을 못하니까 당사자들에게 힘을 줘서 스스로 갖고 있는 문제나 어려움을 해결하게 하면서 나라가 도와주는 접근방식으로 시범사업을 한 것이 성공했대요. 성공사례도 한부모 어머니들에게 소문이 퍼지는 식으로 확산을 시켰어요. '나는 원래 알코올중독이었는데, 같은 처지의 엄마들이 모여서 작은 공간을 구해, 이런 것을 같이 하면서 이렇게 바뀌고, 작은 방 한 칸으로 시작한 마더센터는 이렇게 되었다.'고 간증하는 식으로 적어서 전단을 뿌린 거죠. 그것을 본 사람들이 우리도 마더센터 만들었으면 좋겠다, 우리도 만들 수 있다, 하며 또 다른 전단을 만들었어요. 그 전단으로 마음이 뜨거워진 한부모가 여성들이 많이 오는 시장에 뿌린 거예요. 진짜 이렇게 하면 좋겠네, 우리도 만들고 싶다, 우리도 할 수 있겠네, 우리도 하자, 이런 반응이 확 올라온 겁니다. 전단에 함께하고 싶은 사람은 연락하라고 연락처를 남겼더니 첫 모임에 30명이 모여서 그 마을에서 시작이 되었어요. 처음엔 십시일반으로 작은 공간을 얻어서 하다가 몇 년 후에 시의 도움을 받아서 센터를 내었습니다.

마더센터로 보는 복지의 방향은 당사자들이 함께 힘을 모아 자립하는 것입니다. 활동역량이 일정 정도 오르면 공간 제공 등 정부 지원을 해주고요. 센터에는 상시로 옷 교환하는 곳, 아이들 맡기는 곳, 카페가 있고 그 안에서는 쿠폰을 사용하더라고요. 내가 남의 집 아이를 두 시간 봐주면 쿠폰 하나 받고, 옷을 옷가게에 보내면 쿠폰 몇 개를 받고 이러는 식으로요. 서비스를 받을 때 약간의 쿠폰을 내는데 그 비용을 다른 일을 해서 내가 할 수 있게 시스템을 해 놓은 거예요. 그것도 괜찮은 시스템인 것 같아요.

– 서울, 강원, 경산 등 마더센터가 많이 있네요.

아, 이제 그렇게 좀 됐을 거예요. 그런데 어떤 방식으로 운영을 하는지를 모르겠어요. 처음에 마더센터가 했던 그 방식은 당사자 운동에 큰 시사점을 주었습니다. 이주민들이 많이 있는 지역에서 운영되는 마더센터에 이주민 아빠들이 와서 우리도 참 힘들다, 파더센터를 만들어 달라고 요구했답니다. 사회가 바뀌니까 아버지의 권위가 유지가 안 되잖아요. 그래서 자식이랑은 거리가 멀어지고 사이 나빠지고 아버지가 집에서 나가게 되고, 그분들이 하소연을 해서 그 파더센터를 하게 되었다고 해요.

– 직접 하신 거예요?

아니요. 이건 유럽에서요. 하나는 아들하고 아버지가 하루에 와서 부엌에서 요리를 하는 거예요. 여러 부자 팀들이 와서, 요리하고 같이 먹는 거죠. 또 하나는 아버지의 아버지의 아버지, 아버지들은 어떻게 살아왔나 이런 연극을 아버지를 탐구하면서 하고, 그런 몇 가지의 프로그램을 했는데 상당히 괜찮은 운영을 해서 일생활 균형재단에서 몇 년 전에 아버지 되는 역할훈련 파티를 하고 파더캠프를 진행했어요. 경주에서 그 캠프를 할 때 참관한 적이 있었는데 그것도 괜찮더라고요.

어렵고 힘든 이웃 속으로

- 아이 셋을 가진 엄마로서 사회 활동이 쉽지 않았을 텐데 가족은 협조적인 편인가요?

일단 가족은 저의 사회 활동에 대해 적극적으로 지지해주는 편인데, 선거 출마에 대해서는 가족들이 총동원되고, 돈도 많이 드는 일인 데다 가족들 모두가 주목을 받는 것이기 때문에, 특히 아이들의 경우 좀 힘들어하는 부분은 있어요. 객관적으로는 '아, 엄마 같은 사람이 정치에 나가야 돼.'라고 하면서도 막상 자기 엄마나 아빠가 출마하면 불편해지는 일이 많이 생기죠. 또 성향이 적극적이고 정치나 선거를 좋아하고 그러면 상관없지만 그런 사람이 많지는 않아요.

- 오래 어렵고 힘든 사람들, 소외된 사람들만 찾아다니는 일이 쉽지 않았을 텐데 가장 큰 동력은 어떤 것이었습니까?

어릴 때 많은 책을 많이 읽었는데 참되게 살아야 한다는 것을 많이 느꼈어요. 청소년 시절 신앙에 감화된 바도 크고요. 성직자는 못 되더라도 세상에 어떤 도움이 되는 일을 하면 좋겠다는 생각을 했죠. 성장해서는 이 세상이 혼자 사는 세상이 아니라 더불어 사는 세상이구나 하는 생각도 많이 했어요. 그리고 무엇보다도 제가 많이 감성적인 사람이더라고요. 눈앞에 힘들어하는 사람들이 보이니까 너무 쉽게, 빨리 공감이 되는 거예요. 아, 이런 문제를 진짜 해결해야 하는데 이러다 보니까 그 일에 나서게 되는 거죠. 사실 제가 더 어렵고 더 힘든 현장에서 더 큰 고통을 받는 사람들과 함께한 셈이에요. 더 어렵고 더 힘든 곳이 일도 더 많고, 사람도 지원도 더 많이 필요로 하니까요. 그런데 당장 사람들의 도움이 미치지 못하니까 더 힘들어하는 거잖아요. 그래서 여기는 더 어렵구나, 도움이 더 필요하겠구나, 그러면서 좀 더 그런 사람들 쪽으로 가게 된 거죠. 그러니까 어떤 문제 상황을 보면서, 아, 저긴 참 너무 억울하겠구나, 너무 힘들겠구나, 그렇게 느끼고 그렇게 생각하게 된 게 하나의 큰 동력이었던 것 같아요. 그리고 젊은 시절에, 대학 1학년 때 그런 삶을 살기로, 그런 삶에 투신하기로 결심했으니까, 그 결심이 또 하나 큰 동력의 중심축이 되었죠.

조금 다른 얘기일 수도 있는데, 제가 완전히 감당하지 못한 일들이 있었어요. 한번은 노숙자들이 제게 도움을 요청한 적이 있는데, 당시 IMF 이후에 제가 여성 실업자들을 돕고 한부모 가정을 돕고 하는 것이 노숙자들 눈에 띄었나 봐요. 노숙자들 중에서도 뭔가 자기들 처지를 개선해 보려는 사람이 있잖아요. 그분이 찾아와서 자기들 좀 도와달라고, 아무도 도와주는 데가 없다

고 하시는데, 대상자가 남자 노숙자들이고 하니까 개인적으로
좀 어렵더라고요. 그래서 너무 죄송하고, 그때 저의 한계를 절감
했었어요. 그리고 성매매 여성들의 문제가 있었는데, 이건 어떻
게 해야 할까, 하고 고민하던 차에 마침 우리 지역에서 그 문제
를 자기들이 풀어보겠다는 사람이 나타났죠. 그때가 2001년쯤
제가 여성회 대표, 부산여성단체연합 부대표, 한국여성단체연합
조직위원장 할 때였는데, 부산 초량동 성매매 집결지에 불이 나
서 큰 사회문제가 됐었어요. 다른 지역은 그전에 군산에 불이 나
서 사람이 죽고 해서 사회적 관심이 쏠리던 상황이었는데, 어쨌
든 부산에서는 성매매 피해 여성에 대한 지원이라든가 상담해
주는 곳이 없었거든요. 그래서 누군가가 하긴 해야 하는데 어떻
게 해야 하나, 아무도 안 하면 부산여성회라도 해야 할 텐데 하
던 상황이었는데 부산 여성의전화와 서구에 있는 성매매여성인
권상담소 살림이라고 그 팀들이 맡아 보겠다고 하더라고요. 그
래서 여성의전화는 성폭력, 가정폭력을 많이 다루고 있고, 살림
에서는 성매매 문제만 다루겠다고 하니까, 성매매 문제만 집중
적으로 다루는 여성단체도 필요하겠다 싶어서 그렇게 잘 조정
해 드렸죠.

– 미혼모들을 위한 활동은 어떻게 해서 시작하게 된 건가요?

제가 부산에 있을 때부터 한부모 가족을 위한 활동을 했잖아
요. 한국여성연합에 있을 때 이 운동을 더 확산시켰고, 그러던

사람 속에 함께 걷다

중에 미혼모를 알게 되었어요. 그전에는 미혼모의 존재를 잘 몰랐고, 다만 한부모 가족과 비슷한 것으로 생각했는데, 미혼모들이 굉장히 더 힘든 사람들이구나 하는 것을 느끼게 되었죠. 이 사람들을 한부모 엄마들, 한부모 단체 회원들에게 이야기하니까 무척 빨리 공감하시더라고요. 자기들도 한부모로 진짜 고생하면서 사회적으로 차별과 편견을 다들 경험했잖아요. 그런 공감대가 있어서… 우리가 좀 도와주자, 이렇게 제안을 했더니 금방 동의를 해주시더라고요.

그렇게 도와주기로 했는데, 아기 엄마들이 꼭꼭 숨어서 노출을 꺼리니까 만나기 힘든 거예요. 자기들끼리는 온라인 카페에서 모이는데 그 카페에 가입하려면 아이와 자기만 등록된 가족관계증명서 같은 걸 내야 가입시켜 주는 거예요. 그래서 좀 어려움을 겪다가 2009년에 장애인들처럼 미혼모 당사자 조직을 만들고 싶다고, 그렇게 해서 당당하게 살고 싶다고 그런 엄마들이 저를 찾아왔더라고요.

미혼모 실태조사 연구하는 선생님이 있었는데 그분이 좀 일찍 미혼모가 된 분들의 실태를 잘 아니까, 야무진 엄마들 중심으로 FGI(Focus Group Interview, 집중집단면접) 같은 걸 많이 했는데, 한 1년 정도 있으니까 조금씩 자기들이 원하는 걸 얘기하는 거예요. 그들 중에 장애인단체 복지사가 있어서 장애인 단체의 복지가 변해가는 걸 보니까 '우리도 그런 일을 하고 싶다.'라고 생각하게 된 거죠. 맨날 연구조사만 하거나 다른 데 불려가서 이런저런 정책 만드는 일에만 동원되고 미혼모 시설은 좋아지지만, 결국 다른 것은 하나도 좋아지는 게 없다, 우리도 장애인단체처럼 당사자 조직 만들고 싶다, 그런 거나 도와줬으면 좋겠다, 이렇게 된 거죠. 마침 그 연구자 중에 한 분이 저에게 연락해서 그분들을 만나게 되었습니다.

그래서 그분들 조직화를 도와주게 되었는데 자원이 풍부한 한부모나 미혼모는 지원해주지 않아요. 형편이 어렵고, 상황을 꼭 해야겠다는 사람들이 결국 매달리는 거죠, 지푸라기라도 잡는 심정으로요. 그리고 어느 정도 중간 형편인데 자기 상황이 너무 억울하다 하면 또 참여하는 거죠. 그런데 거기서도 개인적으로 뛰어난 사람들은 중간에 다 자기 일이 바쁘다고 그만두더라고요. 그러니까 평범한 사람들이 끝까지 남아서 참여를 하게 되는 건데 그러다 보니 정책이나 뭐나 다 부족함이 많죠. 그런 부분들을 다 저희들이 지원하고요. 엄마들과 법 공부도 같이하고 정책토론 하고 조직화하는 방법 전수하고 실습하면 피드백 해주고 그런 걸 한다고 집에도 못 가고 몇 년을 보냈죠. 그러고 보니 한부모 가족하고 미혼모는 제가 참 신경을 많이 썼네요.

– 일하는 방식이 항상 당사자들이 끌어들여 참여하게 하는 방식이군요. 물론 그게 가장 효과적이긴 할 것 같습니다만….

그렇죠. 일단 일반 평범한 사람들은 가족관계도 있고 대부분 일자리를 갖고 싶어 한단 말이에요. 그리고 자식들 잘 공부시키고 싶어 하잖아요. 또 안정된 집을 구하거나 전세, 월세라도 항상 시달리잖아요. 그런 게 굉장히 중요한 과제고 물론 폭력도 있죠. 대부분의 여성들이 일상적으로 폭력을 느끼는 거는 아니었거든요, 여성들이 직접 겪고 있는 폭력 같은 심각한 문제를 해결하는 것은 굉장히 좋은 일이고 반드시 해야 하는 건데, 폭력은 폭력 그 자체로도 해결해야 하지만, 이와 함께 여성들의 지위를 높여나가는 방식으로 해야 한다는 거죠. 한편으로 여성의 대표성을 높이는 방식으로도 가야 하고 여성들이 그만큼 역할을 해내야 한다는 거예요.

여성들이 주거문제에 대해서 침묵하고 교육문제에 대해서 입 꼭 다물고 있고, 엄마가 그러니까 애가 그 모양이지 하는 소리만 듣고 있으면 안 되는 거죠. 그리고 주거도 나라에서 하는 대로, 돈 많은 사람들, 집 많이 가지고 있는 사람들이 횡포 부리는 대로 당하기만 하고, 어쨌든지 돈 모아서 그때그때 적응하기만 하는 식이면 안 된다고 생각합니다. 그러니까 여성들이 아이 키우는 문제, 교육문제와 함께 안정된 주거 공간을 확보하는 게 너무 절실하니까 참여해서 해결해나가고, 우리 사회의 중요한 문제에 대해서 발언권과 지위를 높이는 것을 병행하는 것이 여성폭력 문제에 더 효과적이라는 생각을 가졌어요. 학교에서 엄마를 부르는 것도 아빠를 부를 수 있는 시간으로 바꿔 달라고 하고, 교육문제에 대해 다양한 의견들을 내면서 교육의 실질적인 변화를 가져오도록 해야 한다고 생각해요. 실제로 교육 변화를 위해서 활동한 사람들은 여성들이 훨씬 많죠. 학부모회, 참교육학부모회, 학부모연대 등. 그런데 그분들도 초기에는 여성주의의 관점이 없었어요. 그래서 엄마는 항상 보조적 역할에 그치고 결정은 아빠나 학교가 하는 것으로 인식하니까 이제 그 문제를 여성운동의 중요한 축, 하나의 이슈로 하자, 그런 주장을 제가 많이 했죠. 그러다 보니까 제가 특히 교육문제에 관심을 많이 기울이게 되었죠. 주거문제도 많이 다루고 싶었는데 그건 해야 한다는 말만 많이 하고 제대로 하지는 못했어요.

– 미혼모들을 위해 특별한 관심을 기울여 오셨는데, 한국미혼모지원네트워크 대표로서 하신 일에 관한 얘기를 좀 해주세요.

미혼모 문제를 사회적으로 제기한 것은 2009년 여름이었죠. 미혼모 당사자 조직화를 돕던 중에 그분들이 작은 모임을 시작하면서 그들의 어려움에 대해 사회적으로 이슈화한 것이 시초가 되었고 2013년, 한국미혼모지원네트워크 대표를 맡으면서 깊이 관여하게 되었어요. 그전에는 미혼모 당사자들을 돕는 역할만 했는데, 당사자들의 조직화나 당사자들의 자조 활동, 당사자들의 정책대안 제시, 또 미혼모들에 대한 사회적 편견을 해소하는 교육 등을 전부 다 미혼모 당사자들이 직접 하도록 하고 저는 뒷받침하는 역할만 했거든요.
그런데 한국미혼모지원네트워크는 당사자 조직이 아니고, 당사자든 비당사자든 간에 한국사회에서 미혼모에 대한 올바른 인식을 이끌고 확산하는 활동을 하는 단체였어요. 미혼모에 대

사람 속에 함께 걷다

한 차별과 편견을 없애고, 그들이 보통의 엄마들처럼 아이들을 양육할 권리를 갖고, 또 아이들은 다른 집 아이들과 마찬가지로 친부와 친모에게서 자라날 권리를 보장받아야 한다고 주장하는 사람들, 그런 뜻에 공감하는 모든 사람들이 모여서 미혼모들이 당당하게 살 수 있는 사회가 되도록 활동하는 곳이 미혼모지원 네트워크인 거죠. 저도 미혼모 당사자는 아니지만, 그 조직에서 적극적으로 활동할 수는 있는 거잖아요.

그래서 거기서 미혼모 당사자는 당사자대로 직접적인 당사자의 목소리를 내고, 우리는 그들과 함께 살아가는 사람으로서, 미혼모들에게 쏟아지는 사회의 비난과 편견은 옳지 않다, 사회 정의에 부합하지 않다고 목소리를 내는 거죠. 자기가 임신한 아이를 책임지고 낳아서 기르겠다는 엄마들을 우리가 사회적으로 지원해주지는 못할망정 그 사람을 집에서 쫓아내고 학교와 직장에서 밀어내서 그 생존을 벼랑 끝으로 몰아서는 안 된다는 거죠. 그렇게 사회적으로 지탄하고 소외시켜 놓고는, 미혼모가 되면 이렇게 된다고 손가락질하는 일은 사회 정의의 측면에서도 전혀 옳지 않은 일이잖아요. 미혼모로 사는 것이 무슨 죄는 아니잖아요. 미혼모들이 아이를 낳아서 잘 기를 수 있도록 지원해야 한다, 그런 문제와 관련된 정책적 대안, 인식개선, 지원 등의 활동을 했죠.

당사자 단체와 지원 단체들과의 연대를 촉진하고 또 한편으로는 언론에 대해서 적극적으로 대응했지요. 어느 언론이 어떤 문제에 대해서 미혼모 인터뷰를 진행할 때 당사자들이 잘 설득해서 얼굴을 드러내든지 아니면 모자이크 처리를 하든지, 어쨌든 그분들이 할 수 있는 한도 내에서 인터뷰를 잘할 수 있도록 도와주었어요. 또 한편 미혼모와 관련한 사회 현상에 대한 정책 대안은 미혼모 당사자들도 제시하고 우리도 제시하는데, 기자들이 잘 모르는 그런 부분들을 인터뷰할 때, 예를 들면 2, 3분 인터뷰라도 필요하면 그것에 대해서 한 시간, 두 시간까지도 설명을 잘해서 제대로 된 올바른 관점의 기사가 나올 수 있도록 돕는 역할을 많이 했습니다.

2014년부터 2016년까지 정부 지원은 없었지만 KDB산업은행, 사회복지공동모금회, 그리고 SBS의 지원으로 어려운 미혼모들을 도우면서, 관련 연구 결과도 냈죠. 2014년과 2015년에는 미혼모 관련 법률이 한부모가족지원법이기 때문에, 한부모가족지원법을 개정하려고 노력했는데 참 잘 안 되더라고요. 2016년 20대 국회의원 선거 끝나자마자 우리가 준비를 해서 국회의원을 통해 한부모가족지원법 개정을 추진하고, 또 한편에서는 2015년쯤 만났던 희망캠페인 단체와 같이 정책토론 연극이라는 시민 참여를 통해 양쪽으로 같이 분위기를 띄워서 마침내 2017년 12월 개정안을 통과시켰죠.

이어서 2018년 5월 10일, 한부모가족의 날을 제정했는데, 이날이 중요한 것은 다음 날인 11일이 입양의 날이거든요. 이런저런 이유로 부모가 없는 경우에는 입양도 정말 필요하지만 우선 아이들이 자기 친부모와 같이 사는 권리부터 보장하는 것이 필요하잖아요. 많은 미혼모들이 자기 아이를 입양시키거나 유기

사람 속에 함께 걷다

하는데, 심지어 유기하는 경우조차 자기가 아이를 데리고 살아보려고 해도 도저히 길이 없어서 입양하거나 유기하는 경우도 있거든요. 그래서 입양 우선이 되면 안 되고, 먼저 친부모가 키울 수 있도록 우리 사회가 도와주는 게 우선되어야 하는 거죠. 그게 도저히 여의치 않은 경우에만 입양 보내야 한다는 의미에서 5월 11일 입양의 날 하루 앞에 한부모가족의 날을 만들었죠. 그전에 입양의 날 행사 때는 입양인들과 미혼모들이 중심이 되어서 입양을 우선하거나, 입양만을 유일한 대안으로 생각하는 그런 사회적 분위기, 그런 정책과 인식에 문제를 제기한다는 뜻으로 싱글맘의 날을 정했어요. 그게 2011년부터였죠. 그건 저는 뒤늦게 참여했고, '아, 참 좋은 행사구나'라고 생각했습니다. 그렇게 조금씩 미혼모에 대한 사회적 인식들이 개선되어 나갔던 거 같아요.

생각나는 것이, 김정숙 여사가 지난 선거 때 전남 도서벽지, 경상도 등 산골 할머니들을 참 많이 만났거든요. 그분들을 만나면서 참 애성이 많이 가니까 노인분들을 위해서 뭔가 일을 하고 싶으셨던 것 같아요. 그래서 그것도 좋지만, 미혼모와 한부모가족을 위한 활동에도 힘써주시면 인식도 개선되고 인권 향상에 큰 도움이 될 것 같다고 저를 비롯해서 뜻있는 여러 사람들이 이야기했어요. 김정숙 여사가 그런 제안을 잘 받아들이셔서 2018년도 첫 한부모가족의 날에 깜짝 출연을 하셨더라고요. 지금도 생각하면 참 고마워요. 이번에도 해양박물관 앞에서 10월 6일 여성가족부가 주최한 '모두의 가족' 행사할 때도 오셨죠. 또 미혼모들을 청와대에 초청해 주시기도 하고 2018년 초에는 미혼모 당사자들이 중심이 되어서 펼치는 연극에도 관람을 오시는 등 미혼모에 대한 관심을 정말 많이 보여주셨어요.

앞서 2017년 12월 29일에는 미혼모들을 포함한 한부모가족 지원법이 개정되어 본회의를 통과했습니다. 2018년 1월 1일, 대통령이 신년인사로 10명의 사람에게 전화하는 이벤트가 있었어요. 이 이벤트에 미혼모시설에 기거하는 미혼모 한 사람이 처음으로 포함되었는데, 대통령이 그 미혼모에게 잘 지내는지, 어려움은 없는지, 새해에 어떤 계획이 있는지 관심을 가지고 물어보시는 거예요. 인정을 하는 거잖아요. 미혼모도 우리 사회의 중요한 구성원으로서 편안하고 행복하게 살아갈 권리가 있다는 것을요.

– 미혼모가 되었을 때 돌봄을 받을 수 있는 시설이 도시마다 다 있나요?

미혼인 상태에서 임신을 하면 상담할 곳이 별로 없어요. 도시마다 있는 것은 아니지만 미혼모부자거점센터라고, 양육 미혼모가 아이를 낳았을 때 지원하는 센터와 미혼모 기본생활시설이라고 임신한 상태부터 입소할 수 있는 곳이 있고, 또 미혼모 공동생활가정이라고 아이를 데리고 2년 이상 거주할 수 있는 곳이 있어요. 이런 시설들이 국공립 시설로 운영되는 게 아니라 개인 시설이 생기면 지원해주는 형태이기 때문에 그야말로 있는

양육할 권리 2017년 싱글맘의 날 행사에서 개회사를 하는 중. 여성의 권리가 아동의 인권이다. 출산할 권리, 양육할 권리, 가족을 구성할 권리를 보장하라.

데는 있고 없는 데는 없는 식이죠. 국가에서 미혼모에 대한 지원
은 해주는 데 여러 가지 어려움이 있습니다.

그런데 먼저 미혼모가 되면 꼭 어떤 시설에 들어가야 하는 건
아니거든요. 그렇잖아요. 보통 사람들이 임신했다고 해서 어떤
시설에 들어가나요? 그건 아니잖아요. 임신하면 자기가 살던 곳
에서 임신부 상태로 있다가 아기를 낳는 거잖아요. 그런데 자기
집이 아기를 낳아서 기르기에 부적합한 곳, 예를 들면 너무 좁다
거나, 햇볕이 안 들어온다든가 그럴 때 아기를 낳아서 기를 수
있는 곳으로 이전하는 거잖아요. 그저 자기가 임신을 했다는 이
유로 어떤 시설에 들어가는 건 아니죠.

– 그런데 미혼모가 되는 건 어떤 경우죠? 제 말은 혼전의 젊은이들이
실수로 임신하게 되면 거의 낙태를 선택하지 않나요?

낙태의 경우에는 2005년, 2010년 통계가 있고, 그 이후의 통
계 자료는 거의 없거든요. 병원들을 통해서 가장 큰 규모로 조
사한 것이 2005년 통계인데 그 자료에 의하면 연간 약 35만 건
정도의 낙태가 있었고 그 가운데 대략 60% 정도가 기혼여성이
고 40% 정도가 미혼여성으로 조사되어 있어요. 미혼여성들의
경우에 어린 나이에 실수로 인한 낙태는 분포가 낮죠. 아무래도
10대보다는 20대나 30대의 성관계가 많으니까요. 그래서 미혼
모들의 경우에도 임신해서 자녀를 출산하는 비율을 보면 통계
상으로 10대는 10% 미만이고 20대가 50% 정도, 30대가 30%,

사람 속에 함께 걷다

이런 정도죠. 출산하는 경우는 그렇고 낙태하는 경우는 통계를 잡을 수 없으니까 알 수가 없죠. 통계자료가 없으니까 정확한 수치까지 알 수는 없지만, 혼전 임신의 경우 낙태를 많이 한다고 봐야죠.

　그렇지만 일률적으로 말할 수 없는 건, 낙태를 안 하거나 하지 못해서 미혼모가 되는 너무나 다양한 이유와 상황들이 있기 때문이에요. 먼저 여러 가지 사정으로 결혼을 하지 못하는 경우가 있고, 또 임신함으로써 관계가 깨어지는 경우도 있으며, 10대 같은 경우는 계속 사귀고 있어도 결혼을 할 수가 없는 상황도 있죠. 종교적 신념 때문에 낙태를 하지 못하는 사람들을 하나의 큰 부류로 볼 수도 있고, 또 당사자 나이가 많은 경우, 낙태를 하고 나중에 또 다른 기회와 사람을 만나서 다시 아이를 가질 수 있을까? 또는 나이가 많은데 낙태 후유증 때문에 다시는 아이를 갖지 못하지 않을까? 하는 염려 때문에 낙태하지 못하는 경우, 심지어 낙태를 하러 병원에 갔는데 태아의 심장 뛰는 소리에 차마 하지 못하고 수술대를 내려 오는 경우 등, 정말 다양합니다. 백인백색, 말 그대로 백 사람에게 백 가지 사연이 있지요. 또 어떤 사람은 자기가 임신할 줄도 모르고 있다가 나중에 알았을 때는 이미 낙태가 위험한 그런 경우도 있고, 또는 임신 사실을 알기는 했는데, 특히 2010년 이후에는, 시술해 주는 병원을 찾지 못해서 임신부가 되는 경우도 있어요.

– 2010년이 왜요? 그해 무슨 특별법이라도 생겼습니까?

　2010년 이전이든 이후든 낙태가 불법인 건 다름이 없는데, 2010년 이전에는 불법이라도 큰 어려움 없이 공공연하게 낙태를 할 수 있었거든요. 그런데 2009년과 2010년에 프로라이프 의사회에서 굉장히 심각하게 낙태 문제를 사회적으로 제기하면서 '우리는 더 이상 죄를 지을 수 없다, 우리는 낙태를 못 하겠다.'라고 선언한 거죠. 그러면서 그 단체의 의사들이 낙태 시술을 하는 의사들을 고발하는 일이 벌어진 거예요. 그래서 온 산부인과 의료계가 발칵 뒤집힌 겁니다.

– 아! 참 훌륭한 분들이네요, 그렇죠?

　하하, 훌륭할 수도 있고 아닐 수도 있죠. 왜냐면 아무 대책도 없이 낙태를 못 하겠다고만 했기 때문에….

– 그래도 가톨릭교회에서는 낙태를 죄악시하고 세상에 오는 새 생명을 죽이는 일이라고까지 하는데 가톨릭 신자로서 훌륭하다고 얘기해 줘야 하는 거 아닌가요?

　하지만 낙태를 하지 못하는 바람에 엄마와 아기가 같이 죽는 경우도 있습니다.

사람 속에 함께 걷다

- 아니, 왜요?

　낙태를 못 하니까 죽는 거죠. 내가 이 사회 풍토에서 미혼모로 살아갈 일이 너무나 절망스러워서 못 산다는 거죠. 낙태를 하면 그런 거예요, 낙태에 대한 별다른 표시가 없잖아요. 자기 마음속에서만 죄책감을 가지고 살면 되는데, 아기를 책임져야 되겠다고 생각하고, 생명을 책임져야 되겠다고 생각해서 낙태를 하지 않으면, 임신한 동안에 온갖 손가락질을 다 받고 사회적 지탄과 실질적인 피해 경제적인 피해를 다 겪어야 하잖아요. 그래서 그걸 생각하면 눈앞이 아득해지는데, 낙태할 곳은 없고, 그러면 죽는 거죠. 현실이 그런 상황이니까, 그런 문제들을 다 함께 생각해야 하는 겁니다. 물론 미혼모들은 자기들이 그렇게 아이를 낳고 기르는 쪽으로 결정을 한 사람들이지만, 낙태를 하는 사람도, 입양한 사람도 욕할 수는 없는 거예요. 그들 모두 그런 고민과 고통을 다 겪었기 때문에.

- 아, 네… 충분히 이해하고 충분히 공감됩니다. 얼마 전 헌재에서 낙태죄 헌법불합치 판정을 내렸을 때 여성단체에서는 쌍수를 들고 환영했습니다. 임신이 여성 혼자서 한 일이 아닌데, 임신과 출산, 육아를 여성이 모두 책임져야 하고 남성은 완전히 면제되는 이런 사회 제도 아래에서 그 제도를 바꾸지는 않고 낙태죄만 존속시킴으로써 그 모든 무거운 짐을 계속 여성에게만 지우는 것은 견딜 수 없는 일이라는 것이었죠?

그렇습니다. 결혼을 하든지 안 하든지, 결혼과 상관없이 아이를 낳아서 기를 수 있도록 사회적 조건과 인식을 개선하는 것이 우선이죠. 그렇지 못한 상태에서 낙태죄만 폐지되면 어떻게 될 것 같습니까? 아마 사람들이 당장 미혼모에게 "너는 왜 낙태 안 했느냐?"라고 비난할 겁니다. 예를 들면 2010년 이전에 불법이지만 낙태가 공공연히 이루어졌을 때 "미혼모들은 바보같이 낙태도 할 줄 모르고. 어떻게 임신을 했으면 낙태라도 했어야지. 왜 네 인생 망치고 자식 인생 망치느냐." 그런 비난을 받았다니까요. 그래서 이게 낙태죄만 없애는 건 문제 해결 방법이 아닌 거예요. 그러니까 결혼을 하든지, 하지 않든지, 결혼과 상관없이 임신과 출산, 육아는 아기의 엄마와 아빠가 책임져야 한다는 인식이 사회 전체적으로 확산되어야 하는 거죠.

- 헌법불합치 판정으로 이제 곧 낙태죄가 폐지되면 산부인과에서 의사들이 낙태하는 것은 합법적인 일이 되는 건가요?

그렇죠, 합법적인 것이 되는 겁니다. 그런데 낙태가 불법이지만 별다른 제재 없이 공공연히 할 수 있을 때 양육 미혼모들이 사회적으로 욕을 많이 먹었다니까요. 한번 보세요. 가톨릭교회에서도 일반 교우들이 미혼모를 격려하고 지지했나요? 생명을 소중히 여기라고 하고 낙태를 해서는 안 된다고는 했지만, 미혼모를 경원시한 건 마찬가지였거든요. 미혼이지만 낙태를 하지

사람 속에 함께 걷다

않고 낳아서 기르는 사람에 대해서는 지지하고 격려해 줘야 하는 거잖아요.

– 혼전에 임신과 출산을 책임지지 못할 상황이면서도 부주의하게 임신한 건 지탄할 수 있겠지만, 이미 임신이 된 상태에서 새 생명을 지키고 낳아서 기르려고 하는 건 대견하고 훌륭한 자세라고 해야겠네요?

　그럼요. 그걸 비난하자면 수많은 혼전 성관계를 다 비난해야 하잖아요. 성관계 후에 임신이 되고 안 되고는 그냥 재수가 있느냐 없느냐 하는 거로 볼 수도 있는 거고, 어떻게 보면 그게 재수든, 무지든, 실수든 간에 임신했다는 그것이 그 사람 온 인생을 통해 비난과 지탄을 받고 벼랑 끝에 내몰려야 할 일이냐고요. 그런데도 현실적으로 미혼모들은 죽은 듯이 숨어 살아야 하고, 집에서도 구박받고, 학교나 직장에서도 쫓겨나는 상황이예요. 가톨릭교회만 하더라도 미혼모를 그냥 시설에서 보호하다가, 출산하면 아이를 입양시키고, 그 일이 없었던 것처럼 사회로 내보내는 일만 했지, 미혼모들이 마땅히 이 사회에서 당당하게 살아갈 수 있도록 뒷받침하고 보장해 주는 그런 일은 하지 않았잖아요.

– 낙태죄 폐지 찬반에 대해서 제가 궁금했던 문제에 대해서 박 원장님의 생각을 들어보고 싶습니다.

여성들의 출산과 양육에는 힘겨운 가사노동과 직장 경력 단절의 문제 등 여성들이 감당하기 어려운 짐이 실려 있죠. 이 무거운 짐을 과연 남성들과 우리 사회가 나누어질 자세가 되어 있을까요? 낙태죄를 말하기 전에 먼저, 오로지 여성에게만 부과된 이 과중하고 편중된 짐을 남성과 우리 사회가 공동으로 부담하고 충분한 출산휴가를 보장하는 등 우리나라의 사회적 제도 개선을 우선해야 하지 않느냐는 여성단체의 주장에 저는 전적으로 동감합니다.

- 그런데 낙태죄를 폐지하면 낙태죄를 존속시킬 때에 비해서 이러한 사회적 인식이나 제도의 개선이 더 쉽게 되거나 증진되나요? 그렇지 않다면, 어차피 사회적 제도 개선의 정도나 속도는, 낙태죄를 폐지하든 존속하든, 동일할 뿐이라면 낙태죄를 존속시켜서 어린 생명들이 희생되는 일을 막아야 하지 않나요?

네, 그런데 실제로는 낙태죄를 존속시킨다고 낙태가 줄어들어서 어린 생명이 덜 희생된다고 볼 수 없습니다. 오히려 낙태를 불법화하지 말고 잘 관리하여 제한된 낙태 제도를 수립하는 것이 훨씬 효과적인 거예요. 말하자면 우리 사회가 미혼모를 인정하고 존중하도록 인식을 개선하고 동시에 올바른 성교육을 통해서 남녀 모두에게 성관계는 결혼하든 안 하든 한 생명의 엄마, 아빠가 될 수 있다는 것을 확실히 인지하게 하는 거죠. 성관계는 임신을 불러올 수 있고 임신을 하게 되면 한 생명에 대해 책임지는 사람이 되어야 한다는 것을 알게 하는 일이 필요한 겁니다. 그리고 그 생명을 책임지려는 사람에게 사회가 인정해 주고, 비난받거나 손해를 입지 않도록 제도화한다면 누구라도 낙태보다는 출산을 택하지 않겠습니까? 그럴 자신이 없으면 임신이 안 되도록 할 것이고, 임신을 안 한다는 보장이 없으면 성관계를 조율하게 되겠지요. 낙태를 불법화하면 더 많은 낙태가 이루어질 뿐이에요. 낙태를 합법화하되 여러 가지 제한을 둬서, 독일의 제도처럼 임신 여부를 인지한 의사와 낙태 시술을 하는 의사가 동일하면 처벌한다든가, 낙태를 하려면 반드시 전문가의 상담과 교육을 받게 하여 낙태가 얼마나 심각한 문제인지를 인식하게 하는 등, 현실적으로 낙태를 관리하는 게 훨씬 효과적이라는 거죠.

– 낙태 합법화가 실질적으로는 낙태율을 저하시킨다면 저도 동의할 수 있을 것 같습니다.

물론입니다. 그렇다고 낙태가 좋다는 것은 아니지 않습니까? 우리가 불륜의 죄를 묻지 않게 되었잖아요. 그렇다고 불륜이 좋은 것입니까? 당연히 좋지 않은 것이죠, 신의를 저버리는 일이잖아요. 그렇지만 불륜을, 도덕적 지탄은 받을지라도, 형법으로 처벌하지는 않겠다는 거죠. 낙태도 하지 않는 게 좋은 거죠. 누가 낙태를 권장하겠습니까, 사람이고 생명인데. 당연히 낙태 합법화로 끝나는 게 아니고 낙태에 대한 합리적인 제한과 올바른 교육은 반드시 뒤따라야 하는 것이죠. 그리고 미혼모에 대한 학교에서의 차별이라든가 사회경제적 차별이 없어져야 해요. 미혼모의 경제적 수준이 전체 평균에 조금 못 미치는 것은 이해할 수 있지만 확연하게 푹 떨어지면 안 됩니다. 미혼모가 되어 평생 저렇게 살면 안 되겠다 싶어서 낙태를 선택하면 안 되잖아요. 인구도 자꾸 줄어들어 출산율을 높이려고 안간힘을 쓰는 마당에 말이죠.

지금, 정부에서 적극적 대책에 나서지 못하는 것은 여성 전체에 대한 출산휴가, 육아휴직, 임신과 출산에 무관한 고용의 보장, 그런 문제를 다 같이 해결해 줘야 하기 때문이에요. 한번은 어떤 노동단체에서 기혼 직장 여성에 대해 그런 운동을 펼쳐나가기에 제가 미혼모도 같이 넣어서 활동하자 했더니, 지금 기혼 여성에 대해서도 힘든 형편이라는 우려의 목소리가 나와서 너무 실망스러웠어요. 그게 여성 전체가 다 같이 되어야지 왜 미혼모는 후순위가 되어야 하고 왜 차별받아야 하냐고요. 오히려 혼자 사니까 출산휴가와 육아휴직을 더 보장받아 되고, 배우자가 쓰는 5일 휴가만큼 미혼모에게도 동일한 휴가를 주어야 하는 거죠. 저는 사실 여성운동을 하면서 그런 경우를 많이 봐서 '사람들이 저건 아닌데' 싶은 태도가 나올 때 대체로 관용적인 편입니다. 사람들이 몰라서, 또는 처지가 안 되어 봐서 그런 거지 잘 알게 되면 그중 많은 사람들이 바뀔 것이라고 생각하니까요. 정확하게 잘 모르는 상태로 자기 입장에서만 말하는 것은 역지사지하면 바뀔 수도 있죠. 그렇기 때문에 다른 사람의 생각이 나

사람 속에 함께 걷다

와 많이 다를 때에는 우선 그 사람이 나와 같은 현실을 보고 있는지 확인하고 상황을 잘 알 수 있도록 이야기하는 것이 좋다고 봅니다.

생활 속 정치

– 박 원장님이 여성운동가로서 참여한 일련의 활동들이 본인을 정치 활동에 관여하도록 이끈 셈인가요?

아, 정치요? 저는 처음부터 시민단체 활동은 다 정치활동이라고 생각했어요. 그리고 여성운동 하면서 정치참여도 많이 했었어요. 선거에도 많이 참여해서 97년 김대중 대통령의 민주정부 수립을 위해서도 힘을 모았고요, 92년 총선부터 당시 박순보 후보와 함께 노무현 후보를 적극적으로 지원했어요. 우리 여성회 회원들과 같이 자원봉사자로 가서 활동했거든요. 또 95년 지방선거에서도 우리 회원들이 여러 구에서 자원봉사팀을 만들어, 부산시장 노무현 후보를 비롯한 민주 후보들을 지원했어요. 지방자치 여성참여 확대 운동을 하면서 여성 비례대표 선정을 위해서도 노력했죠. 여성단체든 시민단체든 모두 우리 사회를 변화시키려고 존재하는 거죠. 사회 변화가 그 사회의 법과 제도, 생활과 사업의 관행을 바꾸지 않고 이루어지겠습니까? 대통령과 국회의원이 법과 제도를 바꾸고, 대통령과 국회의원, 단체장과 지방의원들이 관행을 바꾸는 데 앞장서야죠. 그렇다면 사회

사람 속에 함께 걷다

를 변화시키려는 시민단체도 선출직을 바꾸는 일에까지 참여해야 한다고 생각했습니다. 나아가 우리 여성회 회원 중에서도 후보를 내면 좋겠다고 생각했어요.

우리가 바라는 민주주의는 우리 사회의 모든 구성원들이 자기 삶의 주인이자 우리나라의 공동 주인으로 생활하고 활동할 수 있는 사회의 실현입니다. 개인이 우리나라의 공동주인으로 활동하는 방법으로는 주요한 국가적 사회적 사안에 집회 시위를 이용하여 직접 목소리를 내는 것, 선거에 직접 참여해 정치활동을 하는 것, 공무원이 되어 공무를 수행하는 것, 노조나 시민사회단체를 만들어서 활동하는 것 등이 있죠.

제가 선거에 나선 건 지난 지방자치선거이지만 2004년에 열린우리당 연제구 국회의원 후보로 출마를 권유받았습니다. 부산여성단체연합 대표로 일하던 시절이었어요. 제가 출마권유를 받기 몇 달 전에 한국여성단체연합 대표로 있던 이경숙 선생님이 갑자기 열린우리당 창당 준비위원장을 맡는 바람에 여성연합 내에서 시끄러웠습니다. 여성연합은 대표들의 정치활동은 금지하는 분위기였거든요. 그냥 관습적이긴 한데 당적도 가지면 안 되고 그랬죠. 그때는 우리가 조직을 유지하기 위해서 뭔가 굉장히 많은 에너지를 쏟던 시기였어요. 암묵적이긴 해도 금지하는 사항을 지키지 않을 때엔 그렇게 하면 조직의 규율이 무너진다든가 위에서부터 지켜야지 아래만 지키라고 하면 되겠냐는 얘기가 생겼어요. 정해 놓은 조직의 규율을 안 지키면 조직이 서서히 무너지는 거라고 목소리를 높였죠. 그래서 저는 여성운동의 기반이 중요하다고 생각했기 때문에 이경숙 선생님한테도 "다음에 나가시면 안 되겠습니까?", "대표 시절에는 대표 역할에 힘을 쏟으시고 그 일은 다른 분을 추천하시면 되지 않습니까?" 그랬죠. 그랬는데 떡하니 저한테 공천 제안이 들어온 거예요. 앞선 상황이 벌어진 상태에서 제가 그걸 받아들이면 한 입으로 두말하는 셈이고 내로남불인 셈이잖아요. 그래서 저는 그 제안을 받아들이지 않았죠. 우리 상황이 이래서 못합니다, 그랬죠. 그때 만일 지역구에 진출했더라면 계속 정치인으로 살게 되었을 테고 지금쯤이면 다른 당료들처럼 문재인 정부에서 무슨 일이든 하나 맡아서 일하고 있을 수도 있었겠죠. 그렇지만 저는 그때 그런 선택을 하지 않고 국회의원 여성 비례 할당을 주장하며 장향숙 비례대표 추천 활동을 했어요. 그 길을 갔어도 좋고 이 길로 온 것도 좋다고 생각합니다.

제가 출마해야 되겠다고 생각한 건 2012년이었어요. 그런데 2012년 총선에는 저희 남편도 민주노동당으로 출마를 준비하고 있었어요. 우리는 각기 다른 길을 걸어왔기 때문에 남편은 자기 선거에서 자기가 나가는 거고 나는 내 선거에 나가는 거라 생각했어요. 또 다른 당의 경우지만 몇몇 전례도 있어서 별문제가 없을 거라고, 특히 민주노동당은 그래도 진보정당인데 당연히 열려 있을 줄 알았죠. 저는 연제구에 출마하려고 했어요. 연제구에는 우리 여성회가 있고 당시에 활동적인 회원이 100여 명

가까이 될 정도로 지역 활동으론 제일 활성화되어 있었거든요. 게다가 제가 부일여중 출신이고 해서 여러 가지로 딱 좋겠다 싶었는데, 남편만 제외하고 주변에서 전부 다 반대하는 거예요. 한 집에 두 명이 어떻게 출마하려고 하냐고, 어이없다는 거예요. '이제는 제가 나가야 할 때다' 싶었던 것이, 그때 풀뿌리 여성운동과 지역 여성운동, 교육, 마을공동체 같은 운동을 더 크고 확실하게 확산을 시켜야겠다는 생각이 참 간절했거든요. 당시 제 나이가 만 49세, 딱 좋을 때 아닙니까? 제 느낌에 최적기다 싶었는데 설득을 못해서 접었습니다. 그때 민주당에 알아볼 생각은 안 했어요. 한 집에 두 명이 출마하는 것도 수용이 안 되는데, 한 집에 두 명이 각각 다른 당으로 출마하는 것은 더 수용이 안 될 거잖아요. 사실 그 당시엔 민주당이든 민주노동당이든 부산에서 당선되기는 어려운 형편이었어요. 그렇지만 저는 이제 이러한 사회 변화 속에서 '내가 지금 정치를 할 때다'라는 생각을 했죠. 그래서 여성단체연합 대표 임기 마치면 풀뿌리 정치연구소도 만든다고 그랬거든요. 당시 저는 정치인의 길을 앞으로의 행보로 잡은 거예요. 그런데 거기서 좌절이 되면서 좀 실망을 했습니다.

– 그 뒤 2018년 구청장 선거라든가 국회의원 같은 공직에 다시 나서려는 마음 먹게 된 계기는 지난 대선 때 문재인 대통령을 도와주면서 시작된 건가요?

그렇다기보다는 비록 과거엔 좌절했었지만, 마음만은 절대 포

대선캠프 출범 2017년 3월 19일 부산항국제컨벤션센터에서 열린 문재인 대통령 후보의 '함께 새로운 부산' 기자회견. 당시 문 후보는 나를 대선캠프에 영입한 인물로 직접 소개해주셨다. 이후 오거돈 시장, 김영춘 의원, 최인호 의원과 함께 부산 상임 공동선대위원위원장을 맡았다.

기하지 않았다고 봐야겠죠. 왜냐면 그 필요성을 오래 느껴왔으니까요. 2005년부터 2010년까지 6년간의 한국여성단체연합 대표 활동을 마치게 되었을 때가 생각나요. 한부모 가족이나 미혼모는 돕고 있었지만, 여성단체를 총괄적으로 이끌어 나가던 활동은 이제 마쳤으니까 앞으로 무슨 일을 할까 생각해봤죠. 저는 여성들이 정치적 문제에 있어서 주체적으로 활동을 했으면 좋겠다고 생각했어요. 또 낙후된 지역사회를 발전시키는 데에는 주민들의 노력도 중요하지만, 마을 주민들이나 취약한 여성들이 자립하는 것에 대한 사회적 지원이 있어야 하죠. 그런 것들을 법과 정책, 제도로 뒷받침해줘야 하는데 그런 일을 위해서 활동하는 사람들이 많이 없더라고요. 그래서 이런 것들을 법적으로 접근하는 일은 다른 누군가가 대신해주는 것이 아니라 당사자들이 주체가 되어서 만들어나가야 해요.

생각해 보면 가난한 지역이나 소외계층뿐 아니라 중산층도 정치에서 소외되어 있으니까 문제인 거죠. 이게 다 우리들 문제예요. 우리나라가 민주공화국이고 우리가 나라의 주인이라면 작은 마을 문제부터 나라의 큰 문제까지 주인으로서 역할을 해야 하잖아요. 큰 문제에 대해서는 인터넷이나 SNS 같은 체계가 잘 되어 있어 의견을 이야기할 수는 있지만, 의견들이 이야기되어도 결국 국회의 판단으로만 문제가 결론지어지기 때문에 다양한 의견들이 소용이 없는 경우가 많습니다. 또 실제 지역사회의 생활 속에서도 마을 총회같이 주민들이 현안에 대해 결정할 수 있는 제도가 없잖아요? 그러니 길 하나 놓는 것도 선심 쓰듯

하고, 그것도 주민들 말을 듣고 결정하는 게 아니라 그저 지역 사회 유지 몇의 의견만 참고해서 하지 않습니까? 그런 문제들이 한두 가지가 아닌 거죠. 그래서 그런 문제들을 풀기 위해서 풀뿌리에서부터 정치에 관심을 가져야 해요. 마을의 작은 문제부터 큰 문제까지 주민이 해결해나가는 정치활동을 전면에 내세우기 위해, 필요하면 제가 앞장서고 또 안내하는 일을 해야겠다고 생각했죠. 그런 의미에서 선거에 나가야겠다는 생각을 했어요. 그게 일단 2012년에는 좌절이 됐고 2016년에도 생각은 좀 했는데 그때는 늦게 판단한 바람에 타이밍을 놓쳤죠. 2017년에 대통령 선거를 도와주면서 이다음엔 뭘 할 건가 생각하다가, 작년에 생각하다 접었으니 국회의원 선거에 나가야겠다고 생각했어요. 비례든 지역구든 선거에 나가야겠다, 이렇게 마음먹었죠. 그런데 주민들이 찾아와서는, 내가 이렇게 현실정치에 적극적으로 뛰어든 판이니 국회의원도 좋지만 바로 앞에 닥친 구청장 선거에 나오면 어떻겠냐 하시더라고요. 그래서 구청장 선거에 나갔지만, 또 너무 늦게 시작하는 바람에 잘 안 됐어요. 그래서 결국엔 구청장 경선에 져서 국회의원에 나서는 모습이 되었죠. 이게 저의 현실입니다.

– 정치를 하면 어떤 정치를 하고 뭘 이루고 싶은지?

주민들하고 만나게 되면 크게 이런 얘기를 많이 듣는 것 같아요. 하나는, 경제가 안 풀린다, 경제가 잘되면 좋겠다, 정치

사람 속에 함께 걷다

를 잘해라, 정치를 잘해서 제발 좀 경제가 잘되게 해라 이런 얘기들. 두 번째로는 지역 중심으로 발전시키라는 얘기를 하세요. "진짜, 이게 뭐고?" 하며 불만을 토로합니다. 구체적으로 중구에는 산복도로 주거문제와 교통문제와 운동 시설 부족 등의 얘기가 많습니다. 영도구에서도 또한 주거, 교통, 주차 이런 것과 함께 중구에 비해 일자리 문제에 관한 얘기도 많이 나옵니다. 영도는 경치 자체는 좋은데 주민들이 실제 생활하기 좋은 자연친화적 환경 조성은 되지 않고 복지와 문화교육도 아직 낙후된 상태죠. 다들 그런 이야기를 많이 하시죠. 중구도 마찬가지예요. 중구도 주민이 적극적으로 활용할 만한 문화편의시설이 없잖아요.

그다음에는 일반 민원들이 있어요. 예를 들면, 아파트 건설로 인해 우리 집 벽에 금이 가고 집이 흔들린다고 건설회사에 보상을 요구했다고 합시다. 건설회사는 원래 너희 집이 그런 거라며 책임 회피를 합니다. 그래서 건축허가를 내준 구청과 시청에 해결해 달라 민원을 넣습니다. 구청과 시청은 건설회사에 얘기하지만, 회사는 주민이 피해를 입었다는 증명을 하라고 요구하죠. 그럼 시청과 구청은 조사도 하지 않고 민원인에게 회사의 말을 그대로 전하고 끝납니다. 이런 게 속 터지는 거예요. 주민들은 이런 괴로움을 정치가 해결해주기 바랍니다. 당장은 문제를 해결해주기 바라고 주민들이 피해가 없도록 해줄 것을 요구합니다.

건축 민원도 많아요. 건축은 사람들이 살고 있는 환경에 완전히 새로운 환경을 조성하는 거잖아요? 당연히 기존에 살고 있던 사람들의 삶에 피해를 주지 않는 선에서 진행해야죠. 기존에 사는 사람들도 좋다고 느낄 수 있도록 배려 있는 변화가 되어야 하고요. 근데 조망권을 콱 막아 놓고는 아무 문제가 없고 다 허가된 거라고 하면 어떡합니까. 일조권을 막았는데도 완전히 깜깜한 상태가 아니니 괜찮다고 하면서요. 건물이 흔들려서 증명이 필요할 때도 상식적으로 생각하면 건축하는 사람들이 제대로 공사했다는 걸 증명해야 하는데, 주민들에게 그걸 증명하라며 초기 사진을 찍어놓아야 했다고 면박 주면 안 되는 거잖아요. 그리고 그 외에도, 도로가 파였는데 그대로 계속 방치하고 있다든가 운동장이 너무 없어서 족구를 할 수 없다든가 하는 다양한 요구가 있어요.

그런 얘기를 들으면 주민들이 실제 원하는 것을 알 수 있죠. 정치인이 할 일이 뭔가? 이 지역구 주민들의 뜻을 반영해야 하고 주민이 뜻을 실현하게 도와줘야 하는 거잖아요. 그러면 주민들의 요구를 모아 주민을 주인으로 내세우는 정치, 주민이 주인으로 실천하는 정치를 해야 합니다. 그래서 주민들의 요구와 뜻을 바탕으로 비전을 만들고 주민들의 참여를 통해서 이루어 나가는 거죠. 그러면서 주민들 삶 속의 부족한 해당 분야의 전문성을 보충해주고, 예산을 국가 차원에서 형평성 있게 분배하고요. 주민과 지자체가 협력해서 구체적인 활동을 하는 정치, 실천하는 민주주의를 이루고 싶습니다. 주민들의 요구가 공익성, 공

사람 속에 함께 걷다

공성이 있다면 주민들은 서로 같은 뜻을 가진 사람들을 찾고 모아 스스로 그 목적을 이루어갈 수 있어야 하고 지자체나 중앙정부가 도와주어야 합니다. 또 지방자치의원과 국회의원이 그 활동을 도와주게 되면 많은 주민들도 영향을 받을 거예요. 도와주고 안내해주고 촉진해주고. 이런 역할들을 좀 해야 하지 않겠나. 그래서 해당 분야에 관한 몇 가지 부분에 있어서는 안내자이면서 촉진자이면서 어떤 분야에서는 전문가도 되어야 해요. 어떤 때는 전문가를 많이 알아놓고 네트워킹을 해서 필요한 전문 영역의 도움을 갖고 와야 할 때도 있고요. 또 보통 자금 문제가 있잖아요. 그러면 관계부처에 재정확보 활동도 적극적으로 하고, 구청 공무원들이 시의원과 국회의원과 협조해서 중앙부처 기획의 괜찮은 사업들을 꼭 따낼 수 있도록 해야 하죠. 우리가 부산 영도구나 중구의 주민이기도 하지만 또한 대한민국 국민이잖아요. 대한민국의 환경, 조건이 우리 중구민, 영도구민들에게 영향을 끼치잖아요. 또한 동시에 중구민과 영도구민들은 이 대한민국이 가야 하는 방향에 관해 이야기할 수 있는 권리가 있습니다. 보통은 그런 의견들을 잘 모아내고 대변하는 역할들을 해야 합니다.

— 국회의원은 대한민국 전체를 위해서 입법 활동을 해야 하는데, 대부분 국회의원들이 다음 선거만 생각하느라 지역구 관리만 한다고 들었습니다. 지역구 예산에 관련된 일만 하고 지역구 경조사에만 참석하는 등 각자의 지역구에 너무 애를 쓰는 방향으로 간다고. 구청장 외 지역

행정단위를 통해서 그 지역 발전을 이루는 게 맞지 않나요? 국회의원도 해당 지역구가 배출한 의원이긴 하지만, 국회의원 본연의 임무는 국가 전체를 보며 나라 전체에서 필요한 입법 활동들을 제대로 하는 것 아닌가요? 이런 제 생각에 덧붙여 드리고 싶은 질문인데, 지역구를 위한 활동과 대한민국 전체를 위한 입법 활동의 비중을 어느 정도로 배분하는 게 맞는다는 생각을 하십니까?

영도구나 중구는 부산이면서 대한민국입니다. 영도구, 중구 주민들이 말하는 교육문제를 들어보면, 대한민국 교육문제에 부산의 특수성이 섞여 있고 또한 중구민과 영도구민이 특별히 느끼는 문제의 특징이 함께 있어요. 우리 지역구민들이 느끼는 교육문제에서 현안을 뽑아내야 합니다. 그것을 다른 지역과도 비교하면서 이것이 대한민국에서 보편타당성을 갖는 교육문제라는 것을 확인하고 고쳐 나가야 하는 거잖아요. 그런 식으로 풀어나가야 합니다.

예를 들어, 국회의원이 지역 경조사에 가서 그곳의 지역 분들과 친숙한 관계를 형성해 일상에서 부딪히는 어려움을 허물없이 얘기할 수도 있는 거죠. 문제가 생기면 의원실에 메일 보내고 전화하거나 아예 국회의원의 공개된 직통전화로 문자를 보내라고 경조사를 가서 주민들과 관계를 맺는 거예요. 경조사에 가는 행위가 앞의 이유는 하나도 포함하지 않고 오직 나하고 친한 사람들을 만들어 다음 선거에 표 받는 것을 약속받기 위해서라면 그것은 잘못된 것이죠. 근데 국회의원의 기본은 그 지역 주민들과 친숙한 관계를 맺는 거라 생각되더라고요. 친숙하지 않은데 어떻게 주민들과 소통할까요? 주민들이 자주 하는 말이 "뽑아놓으니 일 안 한다."이지만, 뽑아놓은 사람에게 얘기도 안 하고 일도 안 시키잖아요. 국회의원이 혼자 제 자리에서만 생각하면 어떻게 문제를 다 알겠어요. 그러니까 지역 행사 등에서 함께 만나 "아이고 잘 만났다. 어떤 문제가 있는데 거기 가보자." 이래야 하는 거죠. 그러면 국회의원이 직접 가든 아니면 의원실 비서관들이 가든 현장감 있게 일을 처리하기 좋은 겁니다.

그런데 어떤 지역에서 전국적으로 큰 사건이 터졌고 내가 해당 문제를 맡고 있는 위치라면 그곳을 방문해야 합니다. 또 그것이 국회의원 자신의 지역구에 생긴 문제면 자신이 맡은 바 상관없이 자신이 직접 해당 위원회로 사안을 연결해 줘야 하죠. 사안의 해결이 급한데 위원회가 하지 않으면 자신이 나서서 지역 문제와 관련해 입법하는 것이죠. 상임위 관계없이 입법할 수 있어요.

– 말씀하신 것을 정리해보면, 이띤 입법 활동을 하든지 배경과 바탕은 내가 속한 지역구가 되어야 한다는 건가요?

내가 속한 지역구가 기본인데 전체적인 형평성도 보아야 합니다. 때로는 설득도 해야 하고요. 우리는 이만큼도 상대적으로 형편이 좋은 편이라거나 다른 데는 더 어렵다는 판단이 나올 때도 있어요. 그럴 때 우리 지역은 주민들의 자발적 자치를 강화해서 주민문화를 발전시킨다든지, 다른 곳과 조금 다른 측면으로 지역을 발전시키자는 얘기를 진행하는 것도 좋을 것 같아요.

- 그런 면에서 원장님은 공공성에 관한 생각이 뛰어나서 걱정할 게 없을 것 같네요.

영도구와 중구, 동구와 서구 원도심 지역은 주민들 형편이 매우 어렵습니다. 서울 25개 구, 부산 16개 구 모두 줄 세우면 경제적 살림으로는 꼴찌에 있는 구들이지요. 인천이나 경기도와 비교해도 우리가 하위권에 있어요. 그래서 지금 우리 지역의 문제를 잘 해결하려면, 우리 지역만 국한해서 보지 말고 대한민국의 고질적 문제로 보는 시선이 필요해요. 그래서 우리 지역처럼 어려운 다른 지역들이 있으면 연대를 제안해야 하고 여러 가지 액션이 필요하겠죠.

- '중·영도구를 위한 정치' 이런 얘기가 많이 나오는데, 주민자치 부분은 말 그대로 주민들이 결정하게끔 계획을 세우는 장을 만들어 주자는 제안들이 참 좋은 것 같아요. 그리고 또 국민 모두가 복지와 문화를 제대로 누려 삶의 질을 높일 조건들을 만들어나가는 것도요.

지역 현안으로는 산복도로의 경우 지자체에서 빈집들에 대한 대책을 세워 실행하는 게 필요합니다. 영도구와 중구의 주거 환경이 쾌적하고 문화 향유가 활성화되어 우리가 사는 지역에서라도 주민자치가 실현되게 하고 서로 화합하게 만들어나가는 일들이 마음에 가장 와닿더라고요.

'주민자치'라는 것을 동 차원의 문제에서만 주민들이 나서서 하는 것으로 바라보는 사람도 있거든요. 동만이 아니라 구 단위의 꽤 큰 문제를 해결하는 데 있어서도 주민자치는 중요한 역할을 합니다. 여기서 문제점은, 주민들이 원하는 것이 굉장히 정당한 요구더라도 중앙정부나 광역정부가 그것을 지원해주지 않으면 기초지자체만으로는 사안을 해결할 자원이 없는 경우가 많다는 겁니다. 지자체가 해결법이 없으면 중앙정부가 도와줘야 하는 거잖아요. 주민자치는 주민들이 자신들의 필요에 따라 문제 해결을 도와달라고 요구하는 행위도 포함한다고 생각해요.

- 해운대에 4차선 도로 널찍하게 낸다든지 강남에 큰 도로 내는 것 모두 국비로 하는데, 정작 상태가 좋지 않은 지역은 왜 지원을 해주지 않을까요? 어떤 지역은 길도 잘 닦이고 인도도 말끔하니 좋은 가로수도 심겨 있는데, 어떤 지역은 왜 가만히 두기만 할까요? 또, 인도가 잘 형성되기는커녕 아예 없거나, 일방통행도로도 아닌데 중앙차선도 없는 열악하고 좁은 도로가 있는 곳은 왜 관심을 주지 않는 걸까요?

말씀에 덧붙이자면, 이런 얘기 하는 주민도 있어요. 영도 사람들은 세금만 내고 지하철의 편의는 누리지 못했다고요. 그러면 그 손해를 보전하도록 이쪽도 지하철을 내주던가 아니면 버스

체계를 수정해 지하철 없어도 불편함을 못 느끼게 해주던가 해야 하는데 어떤 조치도 없다고요. 그리고 어르신들은 지하철을 무료로 이용하는데 버스는 비용을 부담해야 하시잖아요. 그런 점에서 영도 어르신에 대한 형평성을 맞춰 달라는 의견도 있죠.

영도가 연약지반이라 지하철 공사를 못 한다고 해요. 하지만 연약지반인지 아닌지 이때까지 확실하게 조사된 적도 공표된 적도 없어요. 그것을 확실하게 보고를 받아야 하고 그래서 진짜 문제라고 하면 다른 방안을 계속 고민해야 합니다. 다른 교통수단인 경전철이나 트램 등은 어떤지 연구하는 등 우리 지형에 맞고 경관에 어울리는 편리한 대중교통을 확보하는 문제에 도움을 줘야 합니다. 또 친수공간도 마련해야 해요. 섬 주민은 섬에 사는 혜택을 봐야 합니다. 섬 전체를 아름답고도 안전한 친수공간으로 조성해야 하는 거죠. 생활 속 혜택이면서 동시에 관광자원도 되는 거잖아요. 주민에게 아름다운 친수공간이면 다른 지역 사람들도 구경 오는 거니까요. 그런 것을 적극적으로 요구해야 할 것 같아요. 이것도 형평성의 문제죠.

중구가 원도심의 중심으로 상가가 밀집된 곳이지만 산복도로 쪽으로 주민들이 많이 살고 있습니다. 오랫동안 방치되어 중구의 주거환경과 주거지의 교통과 보행 환경이 아주 좋지 않고요. 이런 이유로 중구를 떠나는 젊은이들이 많습니다.

사람 속에 함께 걷다

평화가 밥이다

– 남북관계가 좋아졌을 때 한참 부산과 협력이 좀 있었는데요?

　네, 그렇죠. 작년에 시장님이 평양에 다녀와서 그런 이야기를 하더라고요. 여러 사람이 왔는데 특별히 부산시장을 북한에서 더 환대했다는 거예요. 2002년 아시안게임 때 북한 선수단하고 응원단이 부산에 왔잖아요. 사하에 다대포항으로 만경봉호가 와서 그 사람들이 배에서 숙식을 했잖습니까? 그때 우리 부산시민들이 환영을 열렬히 해준 것에 대해 북한은 잊지 못할 감동으로 기억하고 있었다고 해요. 또 그 당시 오거돈 시장이 부시장으로 있을 때라 인연이 있어서 이번에 남한에서 간 참가자들 중에 제일 환대를 받은 모양이에요.

　환대가 있으면 남북교류사업에 있어서 부산이 하고 싶은 사업을 할 기회가 더 커지는 거죠. 북한에서 관심을 많이 가지는 분야가 스마트시티 사업이라고 들었거든요. 그런데 부산이 스마트시티 시범도시예요. 우리 부산에서는 세계개발은행을 부산에 유치해서 북한 경제발전에 자금지원 같은 사업을 하려고 한다는 이야기를 들었습니다.

– 지금은 남북관계가 소강상태이긴 하지만 또 흐름이 만들어지지 않을까요? 시민들도 나서야겠죠.

　제가 통일평화사업을 아주 활발하게 했던 때는 1995년부터 2005년까지입니다. 그리고 아마 부산에서는 처음이었던 것 같아요, 95년에 통일걷기대회를 주관했거든요. 그때 제가 부산여성회 회장이었는데 그 해가 부산여성회, 부산여성노동자회가 통합돼서 통합부산여성회가 출범했을 때예요. 그해 여름 통일평화걷기대회가 열리고 광안리 바닷가 쪽을 500여 명 정도가 함께 걸었어요. 그걸 하게 된 구체적 계기는 북핵 위기였어요. 그 전에 걸프전쟁도 있었죠.

　1차 북핵 위기가 발생했을 때는 제가 둘째를 낳고 산후조리를 하는 중이었어요. 당시엔 라면 사재기를 한다든지 그런 일들이 벌어졌죠. 지금 당장 전쟁이 날 수도 있는 분위기여서 저도 현실적으로 생각하게 되는 거예요. 진짜 전쟁이 일어나면 어떻게 해야 하지? 내가 이런 어린 아기를 데리고 어디로 가야 하지? 도망쳐봤자 아무 소용도 없을 것 같은데? 전쟁의 기운을 체감하니 나 자신이 너무 무기력한 거예요. 우리는 전쟁 일어나면 바로 그냥 죽을 수 있겠다는 생각이 확 나더라고요. 굉장히 본능적으로, 자기 생명의 문제로 확 다가오는 거예요. 전쟁 나면 나랑 우리 애들은 이 자리에서 다 죽겠다고 느끼면서요. 우리가 무서운 세상에서 살고 있다는 걸 다시금 깨달았어요. 지금 우리가 아등바등하며 잘살아보려고 하는데 그게 '한순간에, 한방에 다 무너질

　　　　　　　　사람 속에 함께 걷다

수 있겠다.'라고 생각했죠.

- 모든 게 다 무너질 뿐만 아니라, 전쟁이란 상황은 어떤 불안과도 비교가 안 되는 거예요. 이유 없이 우리 애들이 죽어가는 모습을 무수히 보게 되잖아요.

저는 소설을 많이 읽었어요. 나쁜 사람들은 이런 위험한 상황을 이용해서 돈을 벌 뿐만 아니라 평소에 미워했던 사람을 적으로 몰아서 죽여 버린다든가 하는 일이 있을 수 있잖아요. 세상이 완전히 흉흉해지고 극악한 상황이 되는 거죠. 사람들이 죽고 죽이고. 이런 상황이 현장의 전쟁터에서만 벌어지는 것이 아니라 온갖 곳에서 벌어질 수 있다고 생각해요. 지금 존재하는 정도의 갈등도 너무 힘든데 전쟁이라는 것은 그런 갈등이 최고조로 달하는 것이니. 서로를 바라보는 눈에 항상 살기가 어린 모습이 일상이 될 수도 있다고 봅니다.

- 지금은 핵전쟁 시대잖아요. 나가사키에 핵이 떨어졌을 때 수많은 사람들이 유령처럼 목이 탄 모습을 본 생각이 납니다.

우리나라에는 원자력 발전소가 많은데, 거기에 폭탄이 떨어지면 그게 원자폭탄이 되는 거잖아요. 아까 말했듯이, 당시에는 애 낳고 얼마 안 돼 아직 산후조리하던 상태라 애들 데리고 어떻게 도망을 칠까 고민했죠. 그 생각을 많이 하니까 어떤 결론에 다 다르는 거예요. '아, 지금 전쟁 나면 도망칠 방법이 없구나. 도망가든 못 가든 그냥 거기서 죽는구나.' 우리 부산은 원자력발전소가 가까운 지역이라 더 위험하죠.

평소 기득권이었던 사람들이나 가족 데리고 미국 정도 멀리 도망가면 목숨 살리는 거지.

그런 결론에 도달하면서, 전쟁이 나면 사람들은 거의 다 죽고 특히 지금까지 고생하면서 살아온 사람들이 먼저 다 죽겠다고 판단했어요. 험난한 자기 삶을 잘 가꾸어보려 아등바등 애쓰던 사람들이 물거품처럼 사라진다고요. 그것도 엄청난 고통을 겪으면서요. 저는 그때 전쟁은 절대 일어나면 안 된다는 실존적 깨달음을 얻었어요. 그때 너무 인상이 강했던 거예요. 그때 무기력하게 누워 있는 상태였기 때문에 더욱이요. 그 공포감 있잖아요? 저는 산후조리 끝나면 나가서 통일사업을 꼭 해야겠다고 다짐했어요. 부산여성노동자회에 있을 때는 통일사업을 하지 않았거든요.

그래서 95년에 단체의 주요한 활동으로 통일평화사업을 시작했어요. 그전까지만 해도 통일평화사업이라 하면 '우리에게 통일이 왜 필요한가', '평화가 왜 중요한가' 정도로만 했는데 95년엔 달라졌죠. 지금은 뭔가 '행동으로 호소를 할 때다'라고요. 그래서 걷기대회를 처음 개최하게 되었죠. 그렇게 출발했기 때문에 항상 통일평화사업은 전쟁 반대와 맞물려 진행했어요. '전쟁 반대 평화', '전쟁 반대 통일' 이렇게요.

그런데 또 1995년은 해방 후 50년인 해였잖아요? 그래서 당시 전체적으로 해방 50년, 분단 50년이라고 행사도 많았고 반백 년이 흘렀는데 이제는 정말 통일을 향해 나아가야 한다는 메시지의 활동들이 굉장히 활발했어요. 그선에는 통일평화대회 같은 행사가 별로 없었어요. 그런데 제 기억으로 95년 8·15 때 제1회 민족통일한마당같이 통일을 염원하는 행사가 처음으로 생겼던 것 같아요. 어쨌든 그 영향으로도 제가 소속해 있는 여성회도 통일평화활동을 좀 열심히 하게 됐고요. 그러다 김대중 대통령의 방북과 6·15공동선언이 이루어진 거죠!

‒ 2000년이죠?

네, 2000년. 통일평화사업을 활발히 한 지 5년 만에 이루어진 성과였습니다. 그래서 그때는 정말 통일이 가까워지고 있다고 생각했어요. 1995년만 하더라도 통일운동 하는 것을 굉장히 불온시하는 시선이 팽배했어요. 그전에는 더했죠. 88년도 이럴 때 학생들 사이에선 활발했어도 교내에서 벌어진 운동이니까요. 바깥 사회에서는 통일운동이 활발하게 일어나기는 어려웠던 것 같아요.

그래도 95년부터는 그런 활동들이 왕성하게 벌어졌는데, 그렇게 된 지 5년 만에 남한 대통령이 북한을 방문해서 공동선언을 하는 등 생각지도 못한 일들이 생기니까 굉장히 기뻤습니다. 이제 좀 통일평화의 시대가 되나 보다 했는데 그게 참, 쉬운 게 아니더라고요. 지나고 보니까 쉬운 일이 아니었어요.

그래도 어쨌든, 그때 제가 부산여성단체연합 대표를 하고 2005년부터는 한국여성단체연합 공동대표로 있으면서 북한에 많이 방문했습니다. 당시 통일행사가 북한에서 많이 열렸지 않습니까? 그럴 때 정부 인사들 말고도 시민사회단체들과도 교류를 많이 했어요. 시민단체와 교류할 때는 주로 대표급들이 많이 가게 되잖아요? 덕분에 제가 많이 간 거예요. 평양도 가고 묘향산도 가고 금강산도 가고 백두산도 가고. 그중에 평양은 세 번 갔을 거예요. 백두산도 두 번 갔고요. 당시는 또 이런 생각도 들었어요. 통일이 빨리 될 것처럼 보이기도 했지만, 한편으로는 언제 무슨 일이 생겨서 관계의 문이 탁 닫힐지 모른다고요. 그런 느낌이 들어서 북한에 갈 기회가 될 때 가보자는 판단을 했죠.

– 실제로 국면이 바뀌었잖아요. 그때는 북한 인사들과 대화도 하셨겠네요?

주로 제가 많이 물어봤어요. 가족관계라든지 명절은 어떤 종류를 지내는지, 보육시설은 어찌 되고 여성이 직장을 다니면 어떻게 되는지 등. 하여튼 엄청 많이 물어서 대학노트 한 권을 빼곡히 채워서 왔어요. 그때는 미처 생각하지 못했는데, 그 내용으로 책을 냈어야 했어요. 제가 이것저것 물어보니 북한 사람들이 "영미 선생은 진짜 학구파!"라고 했죠.

북한 방문 이후 어느 행사에서 북의 생활상에 대한 강연을 한 적이 있었는데, 제 다음으로 강의하는 분이 탈북 여성이었던 거예요. 보건소에서 의사를 했다 하더라고요. 처음에는 그분 출신을 몰랐죠. 제가 맡은 시간에 북한에서 들은 얘기를 바탕으로 강의를 했거든요. 그런데 그분이 제 강의를 듣고는, 제가 북한에 대해서 어찌 그리 세세하게 아느냐고 그래요. 저는 남북이 생활의 실제적 부분에서 많이 다른데 서로 알지 못한 채 통일이 되면 곤란할 것 같아 여러 가지를 확인해보고 싶었어요. 또 저는 여성의 권익을 옹호하고 여성이 가정과 직장사회에서 평등하고 행복하게 사는 것을 목표로 해서 여성운동을 하고 있었잖아요. 여성 권익과 관련해 북한에 좋은 제도나 문화가 있으면 "북한도 이렇더라." 하며 얘기를 할 수도 있다고 생각했어요.

– 성 불평등의 문제는 북한이 우리보다 심하죠?

얘기를 들은 바로는, 직장을 다니거나 사회경제활동을 하는 데 있어서는 북한이 훨씬 평등해요. 예를 들면 이런 거죠. 부인이 직장을 나가려고 하는데, 남편이 반대하는 경우는 거의 없어요. 부인이 자기 자신만의 이유로 직장을 다니지 않는 경우는 있어도 남편이 반대해서 직장을 못 다니는 경우는 거의 없다고 보면 되죠. 다음으로는 직장을 다니는 부인이 늦게 퇴근하면 더 일찍 일을 마친 남편이 집에 먼저 와서 저녁을 차리는 점이 보편화돼 있다는 게 더 평등한 모습인 것 같아요.

– 사회주의 시스템 영향인 건가요?

그런 건 아닌 것 같아요. 부인이 사회적인 활동을 하는 모습을 보면 평등한데, 부인과 남편이 동시에 집에 있다면 대부분 부인이 집안일을 한다고 합니다. 그런 경우가 많더라고요. 앞서 말했듯, 부인이 직장일 등 사회적 활동을 이유로 늦게 퇴근하면 남편이 부인 부재 시간 동안 밥도 하고 아이도 챙기는 등 가사를 책임진다고 해요. 하지만 만약 부인과 남편이 퇴근해서 비슷한 시각에 집에 들어왔다? 그럼 부인이 거의 모든 집안일을 도맡아 한다는 얘기들을 들었습니다. 그런 모습에 대해서 불평등하지 않냐는 식으로 물어보면, 자기가 집에 없을 땐 남편이 다 하니까 문제없다고 얘기하더라고요. 자기가 집에 있을 때 집안일 하는 건 사랑하는 남편과 아이를 위해서 해주는 건데 뭐가 불평등이냐고 오히려 되묻더라고요. 그래서 나는, 남한 남자들이 이 얘기 들으면 좋아하겠다고 생각했죠. 그때가 2000년이었어요. 지금은 또 다른 생각들이 있을 수 있겠지만 그때는 그렇게 얘기하더라고요. 그쪽의 생각은 그럴 수도 있겠다고 생각했습니다.

그리고 그때 또 조금 재밌었던 것 중 하나는, 행사를 하면 하루에 세 번을 만날 때도 있는데 북한 참여자들은 행사 성격에 따라 매번 다른 옷을 갈아입고 와요. 만약 개막식 행사에 한복을 입었으면 나중 토론회에서는 양장을 입거나 하얀 저고리에 검은 치마를 딱 입고 오는 식이죠. 그리고 좀 이따 서커스에 간다 그러면 또 한복으로 다시 갈아입은 모습을 볼 수 있었어요.

사람 속에 함께 걷다

같은 날 산에서 행사가 있다면 등산복에 적합한 복장을 차려입고요. 등산 정도는 우리도 그렇게 하긴 하지만 다른 행사와 같은 날에 있으면 그러기 어렵잖아요. 그래서 그때 나는 '이 사람들은 때와 장소에 맞는 옷차림을 하는 걸 예의로 엄격히 지키는구나'라고 생각했죠. 우리는 정치인 정도 돼야 사람들의 인상을 생각해서 행사마다 옷을 갈아입을까 말까였어요. 시민사회단체 사람들은 하루에 가는 장소가 몇이든 무난한 옷을 한 벌만 입고 다녔으니까요. 근데 북한에서는 그렇게 하더라고요. 인상적이었어요.

그리고 행사에 온 사람들 특징이 그런지 아니면 전체적인 사회 분위기가 그런지는 잘 모르겠는데, 좀 뭐랄까? 북한 여성들은 자기 할 말을 딱, 하는 스타일이더라고요. 누가 뭐라고 하면 탁 되받아치는 사람 비율이 높았죠. 물론 수줍게 웃기만 하는 여성들도 있었지만요. 보통은 그렇게 웃으면서 받아치면서 말 잘하는 사람들이 많았어요. 그래서 어쨌든 북한에서는 부끄럼 많은 여성보다는 활달하고 이야기 잘하는 여성들을 더 좋아하는 분위기가 있다는 생각이 들었어요. 당시 남한 사회보다 여성들 성향이 그렇더라고요. 보통 여성들이 활달하다고 보는 것 같더라고요. 말도 착착착 잘하고 그런 점이 좀 인상적이었어요.

– 정세가 좀 잘 풀리고 저번에 부산시장이 함께했던 행사 등이 잘 되면 어떨까요?

남북관계에 있어서는, 자매결연 도시들 있잖아요? 금강산이나 백두산, 묘향산 등이 관광지로 개방되어서 왕래가 가능해야 해요. 개방은 그쪽에서 하는 거지만 유명 관광지의 실질적 왕래라든지 개성공단과 나진선봉 같은 사업이 실현되면 우리 경제에도 확실히 도움이 됩니다. 또 예전의 경우를 보면 모두 그냥 평양과 연결하는 식으로 사업을 했잖아요. 우리 부산은 어디가 좋을까요? 자매도시를 선정해서 지속적으로 교류를 하는 것도 참 좋을 것 같습니다. 어쨌든 남과 북이 만나야 서로를 점점 더 이해하게 되는 거잖아요. 서로가 각각의 장점들을 보면서 알아나가는 과정이 필요해요. 그래서 세월이 흐르며 서로의 믿음이 단단해지면 '뭐, 우리 따로 할 필요가 있나? 한 나라로 살지' 하는 거죠. 수십 년이 걸릴지도 모르지만 그런 과정으로 가야 하는 것 같아요. 그렇다면 일시적 행사처럼 왔다 가는 게 아니고 지속적인 교류가 일어나야 합니다.

– 하지만 남북이 서로 왕래하는 데에 어려움이 많겠죠?

지금 우리가 정전 상태잖아요? 정전이나 휴전은 언제라도 다시 전쟁이 일어날 수 있는 거잖아요. 그래서 아주 사소한 일도 비약되어 전쟁의 도화선이 될 수도 있어요. 그래서 그런 일이 생기지 않게 조심해야 하는 거죠.

자유로운 왕래는 정전이 아닌 평화 협정을 체결을 통해 이뤄져야 할 것 같아요. 우리가 서로 만나지 않으면 오해의 벽이 계속 높아지거든요. 위험을 감수하더라도 계속 만나야 오해가 이해로 서서히 바뀌게 되죠. 사회 내에서 오해가 쌓이면 편견, 차별, 폭력의 수순을 밟습니다. 남북관계에서 폭력은 전쟁이겠죠. 전쟁의 단계를 따르지 않으려면 결국 오해가 이해로 바뀌어야 해요. 오해를 이해로 바꾸는 방법은 역시 서로 만나서 이야기를 나누는 수밖에 없어요.

우리가 일상생활에서도 이해할 수 없는 사람들과는 대화를 해서 당사자에게 이유를 직접 들어봐야 겨우 이해하는 경우도 많죠. 그러면서 편견이 없어지는 것처럼 남은 남대로 북은 북대로 서로의 이야기를 해야 합니다. 정부 간에도 그런 활동이 필요하겠지만 앞날을 생각하면 민간에서도 그렇지 않겠습니까? 서로 만나고 대화해나가면, 북한에서는 남한을 볼 때 남한의 흐름 속에서 이유를 헤아릴 줄 알고 남한에서도 북한을 볼 때 그쪽 맥락에서 이해할 수 있게 될 겁니다. 이해한다는 게 어떤 사안을 옳다 그르다로 판단한다는 게 아니고요. 남북한 사람들은 서로의 맥락에서 이렇게 생활하고 관계를 맺어 왔으니 각자 생각하고 행동하는 게 자연스러울 수밖에 없겠구나, 이렇게 본다는 거죠. 서로 이해의 마음으로 교류를 하면 결국엔 서로의 특성 속에서 같은 점을 찾고 그걸 넓혀나가는 방식으로 논의를 하게 됩니다. 지금 우리 사회 안에서도 서로가 굉장히 다르잖아요? 그런 문제를 이해해 나가듯이 남북문제도 해결해나가야 합니다.

- 개성공단 등 UN의 대북제재가 있는데 그것에 대항까진 아니더라도 평화를 위한 행동이 있는 게 좋지 않을까요?

예. 예전에도 대북제재가 있었지만, 개성공단을 운영하고 있었죠. UN의 제재로 개성공단이 막힌 게 아니고 박근혜 정부 때 문닫은 거잖아요. 그런 역사성을 따지면서 설득을 시켜야죠. 어쨌든 남북경제 상생이라는 차원에서 이걸 하는 것이거든요. 개성공단이 북한만 이로웠던 게 아니라 우리한테도 이익이 되는 거였어요. 개성공단에서 어떤 성장의 결과치가 일정하게 쌓여 올라가면 그게 또 다른 부분들에 연쇄적으로 영향을 주면서 우리 경제에도 좋은 영향을 미칠 수 있거든요. (개성공단이) 막혀서 굉장히 아쉽죠.

- 북한입장에서도 우리가 서로 윈-윈이 되게끔 하는 걸 제시하면 같이 대화할 텐데요. 그러면 이런 남북 간의 대화가 북미관계에도 긍정적이라고 보지 않을까요?

'미국에서 빈 손으로 왔다' 그러잖아요? 북미실무회담을 준비할 때. 그러니까 기대감이 떨어지겠죠.

- 북미관계, 남북관계가 진전될 수 있는 돌파구를 만들어내야 할 것 같네요.

사람 속에 함께 걷다

만들어내야죠. 정부에서도 돌파구를 만들려고 노력을 하고 있다고 생각합니다.

- 이제 주제를 조금 바꿔 볼게요. 올해 들어 일본제품 불매운동이 불붙었는데 'NO아베' 운동에 대한 화제로 넘어가 보죠. 관련 1인 시위 계속하셨죠? 몇 달 하셨나요?

8월부터 했죠. 노무현재단 지회 소속으로 이틀에 한 번씩 저녁 시간에요. 9월부터 아침 남포역 롯데백화점 앞에서 두 달 가까이 하고 있어요. 인평원에 일이 있을 경우를 제외하고는 아침에 늘 'NO아베' 운동을 했습니다.

- 1인 시위를 하면서 느낀 점은요? 시민들 반응은 어때요?

처음에는 일본제품 불매운동만 했는데 1인 시위는 참 의미 있는 일이었어요.

일제침략기 36년, 일본은 청일 전쟁에서 승리한 이후 거의 자기네들 세상이지 않았을까요? 그 전쟁 이후 일본은 50여 년 정도를 득세하며 살았어요. 프랑스는 독일 지배하에 3년을 살았으며 레지스탕스를 다룬 영화 등이 많은 데 비해 우리나라는 일본에 지배된 기간이 프랑스의 10배가 넘는 데도 일제의 만행을 소재로 한 영화나 소설이 적은 편입니다. 어릴 때 읽었던 한국 단편소설들은 보통 지주나 마름에 대한 비판을 했지 일본 사람들

NO아베 1인시위 8월에 반팔 티셔츠를 입고 시작했던 NO아베 불매운동 1인시위. 이제 찬바람에 패딩을 입고 한다. 피켓을 들었으면 결연한 모습으로 서 있어야 하는데, 어쩌지? 남포역 8번 출구 앞 출근길 시민들을 만나다 보면 웃음이 절로 난다.

에게 지배당하고 고통받은 이야기는 별로 없었어요. 친정어머니와 시어머니는 일제 치하 처녀 공출 때문에 열다섯에 조혼을 할 수밖에 없었습니다. 현실에 살아 있는 증거가 넘쳐나는데 아직도 일본이 그랬니 안 그랬니 하는 논란만 일어나고 있는 현실이 안타깝습니다. 소설『인간의 조건』에는 일본이 중국 사람들에게 한 만행이 많이 묘사되고 있어요. 우리나라에서도 일본의 만행이 생생하게 그려진 작품이 문학으로든 영상매체로든 더 나와야 하지 않나 하는 생각이 듭니다.

역사적으로 박정희는 일본군관 장교 출신이어서 본인의 치부가 드러날까 봐 일본의 만행을 덮으려고 했어요. 이번에 보니 박정희뿐만 아니라, 청일 전쟁 이후부터 일본이 우리나라를 잡아먹으려고 할 때 주변의 상황을 미리 협조적으로 만든 우리나라 사람들이 있더라고요. 'NO아베' 운동을 하면서 일본이 저지른 구체적 만행을 새삼 알게 되었어요. 우리나라 역사 속에 일본의 만행이 청산되지 않고 그대로 이어져 왔습니다. 일본은 지금 말도 되지 않는 요구를 하는 거예요. 국가 배상은 끝났어도 전쟁 배상에 대해서는 잘못되었다고 얘기할 수 있거든요. 일본의 경제보복을 보면, 일본이 여전히 우리나라를 자신들의 이익을 위해서 이용할 곳으로 보는 시선이 여실히 드러납니다.

- 일본문화에서는 자기 본분에 맞게 행동하는 걸 특히 중요시한대요. 누군가가 본분을 벗어나 행동하는 것은 용인되기 어렵다고 해요. 일본 입장에서는 자기들이 일제강점기 때 우리를 지배했고 우리나라는 지배

받았어야 하는 곳이라고 생각했기 때문에, 우리나라가 지금 이런 판결을 하는 것을 온당치 않다고 생각한다 합니다.

뿌리가 어지간히 넓고 깊어야죠. 우리나라 안에서 오히려 아베는 정당하고 우리 대통령이 잘못했다는 식으로 이야기하는 걸 보면서 놀라요. 토착 왜구 소리를 듣는 정치인들이나 세력들이 많다는 것도요. 이전에는 자위대 행사에 간 정도였잖아요? 그것도 국민 정서로 용납되지 않는데, 일본의 경제보복에 대해서 일본도 일리가 있다는 식으로 논리를 펴니 이제는 놀라울 따름이죠.

- 미국의 압력도 크죠? 지소미아를 연장하라는 둥.

미국과 일본은 이 문제에 대해서는 같은 편입니다. 이런 상황에서 일본의 전범 세력을 잇는 후계세력들에 대해서 우리가 잘 알아놓고 경계심을 가지는 게 중요해요. 그리고 먼저 싸움을 걸어온 것에 대항해 우리 정부와 국민들이 힘을 합치는 것도요.

- 한 국가로서 호락호락하지 않은 모습이 필요하죠. 꼬리를 내리면 더 무시해요.

이번 일을 계기로 우리 국민들이 정부와 힘을 합쳐서 일본의 경제보복을 이겨내면 좋겠습니다. 한편으로는 이런 생각도 드

사람 속에 함께 걷다

는데요. 나라를 빼앗긴 것은 굉장히 큰 고통이고 다시는 있어선 안 되는 뼈아픈 역사인데 지금까지 이런 부분이 등한시된 면이 있었죠. 그러니까 이런 역사를 젊은 세대들까지 다 잘 알고 있으면 좋겠다는 생각이 들어요. 앞으로 이런 아픔이 절대로 생기지 않고 다시는 일본이 우리나라를 이용 대상으로만 생각하는 것은 꿈도 못 꾸게 말이죠.

– 하여튼 불매운동은 지금도 잘하는 중이니까요.

저도 그런 마음에 보태는 의미에서 'NO아베' 1인 시위를 하고 있어요. 주변을 지나가는 분들이 관심을 보이시고 날씨 궂은 날에도 한다고 많은 격려를 해주셔서 고맙죠. 또 'NO아베' 메시지는 문제가 해결될 때까지 좀 계속해서 들었으면 좋겠다고 말하는 분들도 꽤 있더라고요. 연령대가 상대적으로 높은 쪽 반응이 좀 더 좋아요. 젊은 사람들은 길거리에서 그런 반응을 보이는 것 자체를 어려워할 수도 있다고 생각해요. 그 대신에 음료수나 귤을 갖다 주고 가곤 하죠.

지금 혼자 활동하고 있는데, 혼자라 더 대단하다고 하는 분도 있지만 다른 사람들과 함께하라며 안타까워하시는 분도 계세요. 또 제가 메시지 피켓을 든 채로 "안녕하십니까? 좋은 하루 되십시오.", "주말 잘 보내세요.", "잘 다녀오세요."라고 지나가는 분들께 인사하거든요. 인사하다 보니 진짜 일하러 가거나 공부하러 가는 가족들 배웅하는 느낌이 드는 거예요. "좋은 하루 되십시오."라고 들은 사람은 진짜 좋은 하루가 되었으면 하는 마음이 들더라고요. 웃음이 나왔고 행복했습니다. 길게는 두 시간을 1인 시위 활동으로 보내기도 했고, 늦잠을 자거나 아침 일찍 일이 있을 때도 30분 정도 짧게라도 하고 하루를 시작했어요.

– 끈기 있게 보여주는 행동 덕분에 우리 중·영도구 구민들이 공익에 봉사하는 마음을 느낄 수 있는 계기가 될 것 같네요.

제가 한번 시작하면 끝까지 하는 편이에요. 성과가 나올 때까지요. 영도구와 중구는 오래 묵은 문제가 많잖아요. 보통 슬쩍 건드리고 몇 번 건드려서 잘 안 되면 넘어가죠. 그런데 한 번으로 안 되면 두 번, 두 번으로도 안 되면 세 번, 해결을 볼 때까지 문제를 놓지 않는 사람이 필요한데 제가 좀 그런 사람입니다.

사람 속에 함께 걷다

3부

· · ·

날자 원도심, 중구와 영도

지역 격차가 문제야

– 심지어 부산 안에서도 지역별 격차가 심하죠?

이런 말이 나온 적도 있었어요. "부산 원도심인 영도구, 동구, 중구가 앞으로 30년 안에 소멸할 것이다." 저출산, 고령화 문제로 그렇다는 말인데, 실제로는 그 이유에 더해서 인구유출이 많기 때문에 인구가 급격히 줄어들 것이라는 것이죠. 인구가 유출되는 이유는 삶의 질 격차 때문입니다. 좋은 일자리가 많이 없고 교육, 생활문화, 복지, 교통, 주거 등의 수준이 상대적으로 떨어지기 때문에 나가는 것이거든요.

문화시설은 더합니다. 가난한 지역에 국립 시립 시설이 많아야 하는데 우리 부산은 반대입니다. 영도에 있는 유일한 국립문화시설인 해양박물관은 겨우 몇 년 전에 생겼습니다. 해운대에는 영화의전당, 시청자미디어센터, 영화조직위원회 등 같은 영상미디어 분야에 세 개 기관이나 있어요. 영도에는 부산시 출연기관이 하나도 없는데 해운대는 정보산업진흥원, 부산산업과학혁신원, 관광공사, 디자인센터 등이 있어요. 디자인센터에서는 디자인 관련 무료교육도 이뤄지고 그곳의 교육은 대체로 질 높고 수강료가 저렴해요. 그 지역 사람들은 혜택을 받기 쉽잖아요. 하지만 영도는 그런 것들이 부족합니다. 미디어센터, 영화의전당에서도 좋은 프로그램을 아주 저렴하게 많이 운영하거든요. 참여할 수 있는 널찍한 공간도 많고요. 그런 것들이 삶의 질 차이를 만드는 거죠.

다양한 사례들이 있습니다. 서울을 보면 국립어린이도서관이 서초구에 있더라고요. 거기 사는 주민들은 상대적으로 경제 사정이 좋은 사람들인데 국립어린이도서관이라는 공공 문화시설이 서초구에 있는 거예요. 해운대는 일반도로도 널찍하게 닦았는데 그것은 그곳 주민들이 돈을 내서 한 것이 아니지 않습니까? 강남의 도로 또한 그곳 주민이 돈 내서 닦은 게 아니죠. 국가 세금으로 한 거잖아요. 그런데 인도도 별로 없고 버스 다니는 길도 편도 1차선인 도로가 많은 영도에는 왜 나라에서 돈 들여 도로를 내지 않을까요?

– 맞아요. 영도에는 심지어 인도조차 별로 없죠.

그게 지역차별입니다. 영도에 차가 밀려서 도저히 못 살겠다고 나간다는 하소연이 많이 있잖아요. 어린아이를 키우는 부모들이 애들 데리고 놀러 갈 데가 없어요. 놀이터조차 별로 없어서 어려움이 많고요. 공기도 좋고 경치도 좋지만, 실제 생활 시설들이 너무 부족한 거죠. 경사 지형이 많아 시설을 만들기 어렵다고 하지만 경사지를 잘 활용해서 멋진 놀이공원을 만들 수도 있어

사람 속에 함께 걷다

요. 자연을 잘 보존하면서도 생활편의시설이 있는 곳들도 많은데 영도에는 그런 게 없지 않습니까? 투자가 형평성 있게 잘 안 되었던 거죠. 우리나라가 국가 세금을 오히려 잘 사는 지역에만 계속 투자하는 식으로 행정을 해온 거죠.

그런 측면에서 보면, 지방자치를 한다고 저절로 지역 균형 발전이 되는 것이 아니기 때문에 지방자치와 지역 균형 발전을 함께 이루려고 노력해야 합니다. 인구가 줄어들고 있는 곳은 정책적으로 차별을 받아온 지역일 가능성이 높습니다. 차별을 보상해주고 시정하는 조치가 뒤따라 나와야 해요. 언론도 비판적 기사를 써 내용을 알려야 합니다. 중앙정부나 시의 조치가 중요하다고 구에서는 목소리를 높여 문제점을 제기해야 합니다.

그런데 현실은 그렇지 않죠. 작년에도 지역 차별 관련 기사들이 나왔는데 젊은 엄마들이 전화로 항의를 엄청 많이 했습니다. 타 지역에서 볼 때 영도는 사람 사는 동네가 아닌 것처럼 묘사가 된 것 같아 기분이 너무 나쁘다고요. 당국의 책임성 있는 태도가 중요한데 주민들만 자괴감을 느낀다면 상당히 문제가 있는 겁니다. 그래서 저는 이런 격차 해소와 균형 발전에 큰 역할을 하고 싶습니다. 저는 어릴 때부터 차별과 격차 같은 불공정 문제에 대한 감수성이 높은 편이었거든요.

- 격차 해소에 국가나 행정기관의 역할이 중요한데요.

사람들 모두가 같지 않은 것처럼 사람들의 집단인 마을과 지역사회도 서로 다릅니다. 그대로 놔두면 불균등 발전이 일어날 수밖에 없어요. 국가나 공동체에서 그 불균등 발전을 어느 정도 해소하는 사업을 하여 서로 간에 너무 큰 차이가 나지 않도록 해야 하죠. 차이를 완전히 없앨 수는 없겠지만요. 불균등한 부분을 그대로 놔두면 전체 사회 발전에 있어서도 문제가 생깁니다. 자원도 많고 발전이 잘된 곳에서는 자기들은 이만큼 올라온 상태니까 더 이상의 노력은 하지 않고, 자원도 없고 발전도 잘 되지 않은 곳에서는 해봤자 소용없다고 생각하여 결국 모두가 노력을 하지 않는 사회가 될 수도 있어요. 그래서 지역 격차를 완화하는 데 국가의 역할이 굉장히 중요합니다. 격차가 생기면 단계별로 조금씩 격차를 낮추는 활동을 지속해야 하는 거죠.

이렇게 국가가 격차 해소 기능을 해야 하는데 지난 60여 년 동안 그러지 못했어요. 경제개발계획을 통해 국가 주도적인 문화개발, 교육개발, 경제개발을 하면서 오히려 지역 격차를 강화했습니다. 서울 중심으로만 발전되어 기형적이라 볼 수 있죠. 그러니 서울공화국, 지방식민지라는 말도 생긴 겁니다. 지역별 격차가 있다면 그것을 완화해야 할 정부가 오히려 격차를 심화시키고 기득권 지역을 만들어낸 거죠. 지역별 격차, 성별 격차, 업종별 격차를 해소해 나가는 것이 국가의 중요한 역할입니다.

특히 우리 부산 중·영도구 상황을 볼 때면 그런 생각이 더 들어요. 제가 부산시 출연기관인 부산인재평생교육진흥원의 원장으로 일해 보니까 부산의 문제점을 알겠더라고요. 분명히 참여정부 때 지역 격차에 대한 문제의식을 가지고 당시 현 정부의 출

　　　　　　　　　　사람 속에 함께 걷다

연, 출자 기관들을 전 국토에 분산을 했는데, 부산시는 그런 생각을 못 했어요. 부산시에서도 균형적 발전을 도모해야 하고 지역 간 격차를 완화해야 하는데 말이죠.

그리고 계층별 격차도 지역 간 격차와 밀접하게 연관되어 있어요. 잘사는 사람은 다 강남, 해운대에 있잖아요. 부산의 지역 간 격차 문제는 동서 격차로 설명하면 부족하고 원도심, 서부산, 동부산 이렇게 3개 권역으로 나누어 분석해봐야 합니다. 여기서 원도심은 영도구, 중구, 동구, 서구라고 볼 수 있어요. 이곳들은 현재 가장 많이 낙후된 지역입니다.

주민이 주인입니다

– 주민들이 마을 만들기에 직접 참여하는 방식은 어떤 식이죠?

마을은 혼자서는 만들 수 없습니다. 마을주민조직을 통해서 가능합니다. 지금 내가 사는 마을에 마을주민조직이 있다면 그곳에 참여해서 함께 해야죠. 주민조직이 없다면 주민조직을 만드는 일부터 시작해야 합니다. 조직이라고 해서 이미 완성된 거창한 규모를 생각할 필요가 없습니다. 자신을 포함하여 세 명만 마음을 모아도 일은 시작할 수 있습니다.

마을주민들은 어떤 마을로 만들고 싶은지를 먼저 파악해야 합니다. 수백 명의 주민들을 원탁회의나 마을총회에 모이게 해서 의견을 물어볼 수도 있지만, 첫걸음에 쉽지는 않죠. 주민단체 구성원들끼리 먼저 지역에 대한 바람을 모으고 주민들에게로 확대해 나가는 방식도 괜찮습니다. 우리 마을을 어떤 모습으로 만들고 싶고, 자신은 어떤 활동에 참여하고 싶은지 주민들의 의견을 모으는 겁니다. 설문 조사도 좋지만, 사람들 왕래가 잦은 곳에 질문판, 포스트잇, 스티커 등을 두고 다양한 의견을 들을 수도 있죠.

제가 마을주민들과 비전워크숍을 많이 진행했습니다. 첫 질문은 "우리 마을이 몇 년 후 어떤 모습으로 변했으면 좋겠나?" 하는 것입니다. 이 질문에 대해 주민들 한 사람 한 사람이 생각한 것을 조별로 모으고, 또 전체로 모아서 우리들이 바라는 몇 년 후의 마을 모습이 완성됩니다. 두 번째 질문은 "몇 년 후 우리 마을이 그런 모습이 되기 위해서 변화시켜야 할 것은 무엇인가?"입니다. 같은 방법으로 모은 후 투표를 하여 주민들이 원하는 숫자만큼의 변화시켜야 할 것을 선정합니다. 세 번째 질문은 "변화를 위한 연도별 계획은 어떠한가?"입니다. 조별로 변화시켜야 할 주제를 선택하거나 주제별로 조를 구성하여 분임조 토론을 합니다. 미래의 변화를 위해 우리가 해야 할 활동들을 연도별로 정리합니다. 조별로 발표하고 다른 조 참가자들의 피드백을 받아서 연도별 계획을 확정합니다. 상상에서부터 시작하여 연도별 계획까지 작성하면 참가자들은 굉장히 놀라워하고 기뻐해요.

– 주민들이 함께 미래의 모습도 그리고 그 추진계획도 토론하다 보면 흥미진진하겠군요?

굉장히 재미있어합니다. 몰입도가 아주 높아요. 누구나 우리 마을이 이렇게 바뀌면 좋겠다는 생각을 한 번쯤 하잖아요. 하지만 더 이상 나가지 않죠. 그런데 여기서는 여러 사람의 생각이 모여서 그림이 완성되고 다음 단계, 다음 단계로 가서 연도별 계획까지 만들어내니 성취감도 크고, 현실에서 꼭 실현하고 싶고 실현될 것 같은 마음이 커집니다. 비전워크숍을 통해 참가자들이 마을 만들기에 본격적으로 참여하고 싶은 동기 부여를 받는 것을 많이 보아왔습니다. 혼자 꾸면 꿈이지만 함께 꾸면 현실이 된다는 것을 느낄 수 있는 자리입니다. 사전에 주민들을 만나 마을에 대한 관심이 높은 사람들로 비전워크숍을 진행하면 비전워크숍 참가자들이 마을 만들기 모임으로 전환하는 비율이 더 높지요.

이런 활동을 마을뿐 아니라 구 단위로도 확대하면 좋죠. 제가 2000년도에 풀뿌리 주민운동과 지역 여성센터를 운영하면서 한 활동이거든요. 꼭 저희들만 했던 것이 아니고 풀뿌리 운동이나 주민조직화라는 이름으로 전국적으로 많이 확대되었죠. 마을민주주의, 주민자치, 민주주의 심화, 마을총회, 원탁회의 등 여러 가지 형태로 확산되었습니다. 어떤 지역은 구청장이 주도해서 이 방식을 도입한 경우도 있었죠. 저는 90년대부터 이런 움직임의 싹을 키워 왔어요. 영남권 풀뿌리 여성운동이 수도권으로 확산되어 전국적으로 일반화되었고 지역에서도 주민자치와 섞이면서, 중앙과 지방이 음으로 양으로 서로 영향을 주고받으면서 발전해 왔다고 볼 수 있습니다.

– 추진하는 과정도 주민들의 힘을 모아내는 것이 중요하겠죠?

정주하는 주민들과 직장이 있는 주민들이 함께 지역의 발전상을 의논해야 합니다. 전체 목표인 큰 그림을 그리고 세부적으로 이루어야 할 작은 그림들을 그리면서 실질적인 주민자치가 될 수 있도록 해야죠.

우리는 세계적으로도 밀접하게 연결되었잖아요. 지구 반대편에 있어서 내가 가지 못하는 나라라 하더라도 언제든 정보를 알 수 있어요. 그래서 가깝게는 우리나라 지자체와 주민자치, 지방분권에서 이룬 성과들을 비교하고 나아가 전 세계가 이룬 성과들을 알아가면서 우리 주민들을 안내해야 합니다. 그런 방향으로 주민자치 역량을 키우고 실제 주민자치를 뒷받침할 좋은 아이디어를 많이 생각해 내야죠.

제가 마을공동체를 만들기도 하고 마을공동체를 만드는 사람들을 지원하는 교육을 하는 동안 살펴본 바로는, 구나 동 단위에서 계획을 짜는 것 중에서 주민들의 이익에 어긋나는 것들이 많이 있어요. 원래는 주민들이 원하는 것을 기본에 놓고 앞으로 다가올 사회의 큰 변화를 반영하여 주민들에게 알려줘야 하거든요. 주민들이 자기 비전을 수정할 수 있도록 하고 또 이 비전에 대한 각자의 의견과 전문가 의견을 결합시켜서 해결해 나가야 합니다.

주민 문제인데 주민이 배제되는 경우가 많아서 안타까워요. 문제 해결은 주민들의 바람, 역량, 경험, 활동을 중심에 놓고 그것을 보완하고 수정하고 강화하는 식으로 진행해야 합니다. 하지만 주민들을 위한다고 하면서도 실상은 주민들은 배제하고 행정부나 전문가의 의견만으로 추진하는 일들이 많죠. 그 결과물은 정작 주민들은 바라지 않고 주민들이 할 수 없는 것이 되어버리고는 합니다. 그래서 주민 아닌 엉뚱한 사람이 일하게 되고 인건비를 받고 결국 주민자치가 이루어지지 않는 거죠. 그런 일들이 도시재생사업들뿐만 아니라 우리 기본 행정 과정에서도 많이 벌어지는 것 같습니다.

영도구와 중구만 봐도 인구가 줄어들고 있고 그 부분에서 모든 주민들이 걱정하고 있죠. 이런 주제로 주민들이 원탁회의를 할 수 있다고 봅니다. 직접 마을을 둘러보고 인구가 줄어드는 원인도 현장에서 따져볼 수 있죠. '5Y'라는 원탁회의 방법이 있잖아요. 가령, 인구유출 문제가 있으면 주거 환경이 나쁘기 때문이라는 이유가 나와요. 그럼 또 그것의 원인을 분석합니다. 인구 유입을 위해 어떤 일을 해야 하는지 찾는 등 각 마을 동 단위에서 의견을 정리하고 구 단위에서 모아요. 인구 감소를 방지하고 새로운 유입인구를 만드는 10대 방안 등을 정하고요. 중앙정부와 시, 그리고 주민들은 문제를 해결하기 위해 각각 어떻게 노력할 것인지도 의논해야 합니다.

모두가 크게 걱정하는 부분을 가지고 의논할 수도 있는데, 예를 들어 엄마들은 이런 얘기를 할 수도 있습니다. 초·중등학생이 있는 가족은 교육을 위해서라도 영도 밖으로 나가야 한다고요. 우리 눈앞의 지역 문제들, 주민 생활에 영향을 끼치는 근심과 걱정거리들을 어떻게 고쳐 나갈까요? 정치로 주민들 의견을 모아 주민들의 경험과 지식을 총동원해야 합니다. 아이디어가

사람 속에 함께 걷다

부족하면 전문가의 역량을 투입하는 등 여러 방책으로 함께 문제 해결 방안을 찾아나가고 서로 역할분담까지 해나가는 것, 이런 것들이 정치가 해야 하는 일이라고 봅니다.

주민들이 영도 인구가 줄어든다고 몇 년 동안 말해도 어떤 생산적인 의논조차 이루어지지 않았어요. 이런 경우도 있죠. 영도에 문을 닫는 어린이집이 많아요. 그러니 구에서는 최근 몇 년간 영도의 아동 인구가 줄어드는 추세가 어떻게 되는지 조사하고 가임기의 젊은 부부들이 유입되도록 하거나 유출 대책을 세워야 합니다. 이럴 경우, 어린이집 선생님들과 원장님들은 바로 영향을 받는 사람들이니 함께 얘기해봐야 하죠. 문제에 관한 연구와 함께 용역도 하고 당사자들과 의논해 풀어나가야 하는데 그런 걸 일절 안 하는 거죠. 옛날부터 마찬가지예요. 그런 것들이 국회의원이 나서야 하는 일이고 정치는 그런 문제를 앞장서 지도하는 것인데 내버려 두는 겁니다. 지금까지 해오던 대로 아무것도 하지 않는 거예요. 초·중·고 학생들 빠져나가고, 어린이집 문 닫고 있어도 수수방관이죠.

심지어는 조기축구회만 가봐도 운동하는 분들에게 문제를 들을 수 있습니다. 그럼 한번 영도에서 축구하는 팀들이 다 모여 얘기를 해보는 게 낫죠. 우리 영도에서 축구하기 좋으려면 어떻게 해야 할까? 먼저, 현재 구장 형편과 축구를 하고자 하는 사람들을 파악해야겠죠. 어떤 원칙으로 어떻게 운영할 것인가? 앞으로 구장을 더 늘이는 방안이 있는가? 이런 문제들도 구 차원에서 해결법을 찾아보고 방법이 없다면 요구를 할 수 있습니다. 현재의 예산을 파악하고 활발히 활동하는 사람들과 그만큼 활동하지 않는 사람들도 확인해야 해요. 체육활동을 잘 하지 않는 사람에게는 어떤 혜택이 돌아가게 해야 하나? 또, 운동이 취미인 여러 사람들 모두를 충족시킬 만큼 다양한 운동 시설이 있나? 거기에 필요한 돈은 얼마나 투자되어 있는지? 다양한 질문에 서로 답을 해봐야 합니다. 우리 지역에만 상대적으로 체육 · 건강 관련 시설이 없거나 부족하다면 정부에 요구할 수 있습니다.

여러 체육 종목 간에도 형평성이 필요하지만 같은 그룹 안에서도 그런 게 필수적이에요. 체육과 문화생활 문제도 다른 사안처럼 서로가 타협해야 합니다. 많이 알려지고 힘 있는 사람만 목소리 높이면 계속 그 사람들 의견만 주목받고 세력화되죠. 그러면 문제가 해결되지 않습니다. 예를 들어 서울의 성북구에서는 주민들의 생활과 밀접한 주제들이 원탁회의에서 얘기되는 거예요. 의견들을 다 모아서 주거, 체육, 보육, 교육, 교통, 건강 등 소주제로 분류해서 원탁회의를 진행합니다. 소위원회도 등을 구차원에서 진행하는 거죠. 바로 이런 절차로 문제를 분석하고, 필요한 것들은 지자체가 조례를 만들어 지원하는 겁니다.

생활의 아주 세세한 분야에서도 할 일들이 참 많아요. 국회의원이나 지방의원, 행정부가 이런 활동들을 촉진하고 주민들이 잘하도록 지원해 줄 수 있으면 재미있게 이루어질 것 같습니다.

사람 속에 함께 걷다

중구와 영도, 산적한 현안들

- 원도심지역의 현안들에 대한 얘기를 들어보려고 하는데요. 몇 가지 중심적인 주제들만 들어보려고요. 중구나 영도구의 도시재생문제, 노인문제를 집중적으로 다뤄보겠습니다. 우선 원도심의 잠재력이 아주 크죠?

  지역별 격차를 해소하고 원도심의 잠재력을 살리는 정책이 많이 필요합니다. 원도심지역은 해양 도시로서의 부산의 특징을 많이 갖고 있어요. 해양, 해운, 물류, 조선, 선박기자재 산업의 발전도 중요하게 봐야 합니다. 또한, 부산의 근현대사와 해양레저의 관광자원도 아주 중요하죠. 부산이 동북아 해양수도로 발전한다면 원도심의 역할이 클 것이라고 생각합니다. 북항재개발과 함께 동삼해양혁신도시를 원도심과 연결해서 발전시키는 전략도 필요합니다. 동삼해양혁신지구와 해양대를 R&D(연구개발사업) 기지로 해서 영도구, 중구에 관련된 산업이 많이 들어서도록 하는 게 필요하다고 봅니다.

- 중구 영도구는 오래된 주택들이 많은 곳인데, 도시재생사업이 주민

들에게 도움 되도록 잘 진행되는 게 매우 중요한 문제겠네요?

맞습니다. 원도심은 피란민들을 수용한 곳이잖아요. 산꼭대기까지 집을 지어서 살았지요. 이제 피란민은 떠나고 집들은 그대로 남았어요. 그 때문에 지금 사는 사람들의 주거 환경은 너무 좋지 않습니다. 세월이 흐를수록 심해지죠. 한편으로 원도심의 도심기능, 중추기능을 하는 시청, 법원도 다 떠나버렸습니다. 연관된 산업도 떠나면서 노쇠하고 낙후한 곳으로 되어 있는 거잖아요. 사실 역사적으로 보면 대한민국을 품었던 곳들인데 낙후되고 황폐한 모습으로 남게 된 거죠.

2010년 부산시에서 원도심부터 도시재생을 했잖아요. 산복도로 르네상스를 시도해 봤지만 성과가 별로 없었어요. 성과가 없는 사업이라고 막 비난받고 있지 않습니까? 실제로 무허가 빈집이 너무 많아서 조금씩 바꾸는 것으로는 표시가 안 납니다. 주민들은, 정부가 무허가 빈집을 모두 사들여서 일부는 녹지를 만들고 일부는 원도심의 경관을 활용한 상업지역으로 조성하면서 주민들을 위한 문화체육교육 시설을 짓는 것을 바라고 있어요. 그러면 원도심의 정주 환경이 확 달라지겠죠. 그런데 부산시는 돈이 없다고 합니다. 구는 더욱 없고. 중앙정부의 지원이 필요하다는 거예요. 내년, 2020년이 6·25 70주년입니다. 피란민을 따뜻하게 품어줬던 부산의 원도심을 사람 살 만한 곳으로 바꾸자는 캠페인을 해서라도 기회를 놓치지 않았으면 좋겠어요.

사람 속에 함께 걷다

- 도시재생사업을 착수하기 전에 100년 뒤까지 지속 가능할 수 있도록 큰 그림을 그려주시면 참 좋을 텐데요.

그런 큰 그림은 누가 혼자 그리는 게 아니고 영도구와 중구의 주민들이 뜻을 모아 그려야 하죠. 주민들이 지역의 100년 대계, 10년 비전을 그릴 수 있도록 장을 마련하는 것이 중요합니다. 도시 재생만이 아니라 주민들의 삶에 영향을 미치는 지역사회의 현안들은 모두 이런 장이 필요합니다. 서울에 있는 몇몇 자치구는 이런 일들을 잘하고 있고, 서울시에서도 이런 장들을 많이 만들어요.

예를 들어 각 동에서 주민들이 모여 중구 전체의 큰 그림도 그리고 자기 동의 그림도 그립니다. 그걸 모아 중구의 큰 그림을 그리고 각 동과의 조정작업도 거치고 주민들 의견도 더 수렴하여 중구 주민들이 합의하는 큰 그림을 완성하죠. 이때 구청장과 국회의원이 장을 마련하고 조정하는 것을 도와줘야 합니다. 확정된 안을 실현하도록 연도별 실행계획을 짜고 국회의원에서부터 주민들까지 역할을 분담해서 밀고 나가야 실현이 됩니다. 이런 것이 주민자치고 주민자치하에서 구청장이나 국회의원이 일을 해야 해요. 국회의원은 우리 지역의 이익이 다른 지역의 이익과 충돌하거나 침해될 때 또는 국가 전체 이익과 충돌될 때 지역 주민이 이익을 대변하면서 조정하는 역할도 해줘야 합니다.

- 재생사업도 옛날처럼 뒤에서 다 빼먹고 이러면 참 어려운데요.

그런 일이 없다고 단정할 수 없지만, 최근에는 과거보다는 훨씬 투명하게 진행이 되는 것으로 알고 있습니다. 좋은 시설은 자기 집 주변에 두고, 기피 시설은 멀리하고자 하는 현상은 항상 일어날 수 있습니다. 도시재생사업에 주민 모두가 참여하는 것이 중요하죠. 민감한 사안은 몇몇이 결정하는 게 아니라 재생사업 지역 주민 전체가 참여해야겠죠. 지역공동체 안에서 이익을 환원하고 손해를 보상해주는 원칙을 정해서 시행하는 것도 좋은 방법이라 생각합니다.

현재의 도시재생사업은 과거와 달리 재생지역의 주민들이 모두 참가하는 형태를 권유하고 있습니다. 이제는 생각이나 의견이 달라 사업이 잘 진행되지 않을 수도 있죠. 빈집을 없애고 녹지를 만들자 했을 때, 안전을 이유로 녹지조성을 반대하는 의견이 나올 수 있습니다. 공원이 싫다는 사람도 있어요. 공원 옆에 집이 있으면 밤마다 사람들이 와서 불 켜고 떠드니까 말이죠. 계획에 대한 반대 의견도 많이 나와야 합니다. 다만 이런 것 때문에 못 한다, 하지 말자, 가 아니고 대책을 세우면 됩니다. 녹지가 있을 때와 없을 때의 안전문제를 비교하고 그 대책을 세우면 되는 거예요. 공원 옆에 사는 집의 수면을 보장하기 위해 어떻게 할 것인가 하는 대책을 세우면 됩니다. 이런 것들을 조정해서 10년 계획으로 무엇부터 시작할 것인가 하는, 좀 더 크고 장기적인 비전을 만들어가는 데 전문가의 의견을 들어보고 한 번 더 수정해서 판단할 수 있는 거예요.

사람 속에 함께 걷다

- 10년, 20년이 걸려도 또는 앞으로 100년이 지나도 영도구, 중구라 하면 이거다 할 수 있는 무언가가 있으면 좋겠습니다.

이렇게 급변하는 시대에 10년 20년 100년을 가는 무언가를 만들려고 하는 것이 부질없는 일일 수 있어요. 저는 영도구, 중구는 주민자치의 전통이 확실하게 뿌리내린 곳으로 유명해지기를 바랍니다. 위기는 언제든지 옵니다. 그럴 때 주민자치가 튼튼하면 새로운 성장의 기회로 만들 수 있죠. 주민자치가 강하면 정책적으로 소외시키려 해도 할 수 없어요.

- 주민들을 만나다 보면 영도나 중구에 대한 아이디어를 내신 분들도 많이 계시죠?

겨울에 축구훈련을 많이 하는데 영도가 바람 부는 날 빼고는 따뜻해서 겨울에 축구하기 좋다는 거예요. 축구장을 많이 확보하고 기존 구장을 축구 경기에 맞도록 리모델링하여 축구 훈련에 많이 참여할 수 있도록 하자는 거죠. 그러면 축구단이 모두 숙박을 해야 하잖아요. 선수 부모님들도 따라오면 하루 이틀 묵고 구경하고요. 구장을 더 마련할 수 없으면 부산의 다른 곳과 공동으로 경기를 유치할 수 있대요. 따뜻한 남쪽 섬 영도를 활용할 수 있는 좋은 의견이라 생각해요.

- 그런데 저는 영도가 작은 섬인데 큰 규모의 시설이 들어오는 것은

바람직하지 않은 것 같아요. 정주 인구가 늘어나는 것은 좋은데 관광객이 한꺼번에 많이 오면 교통체증 때문에 주민들이 불편할 수도 있을 것 같다는 얘기입니다.

　물론, 그런 것은 지양하는 게 좋겠죠. 전지훈련은 많은 사람들이 함께하는 것 아니라 훈련하는 선수들과 부모들만 참여하는 것입니다. 대회처럼 사람들이 갑자기 몰리는 게 아니라는 말이죠. 어쨌든 한꺼번에 몰려왔다 사라지는 것보다 지속적으로 매일매일 꾸준히 오는 것이 주민들의 생활과 더 조화될 수 있는 관광형태는 맞아요.

　태종사의 수국축제나 얼마 전에 했던 해양박물관 앞의 이글쇼는 영도에 어울리는 것인데도 교통체증이 어마어마했죠. 이런 행사를 거뜬하게 치를 수 있도록 교통을 정비하는 게 필요합니다. 물론 주민들의 생활면에서 교통 정비는 더 필요하지만요.

　- 중·영도구는 노인 인구가 많지 않습니까? 어떻습니까?

　노인 인구가 많으니까. 두 가지 과제가 있는 것 같아요. 하나는 노인들이 편안하고 건강하고 즐겁게 생활할 수 있는 여건을 갖춰야 한다는 것이고, 또 하나는 젊은 인구들이 계속해서 유입될 수 있도록 해야 한다는 겁니다. 중구는 주거 환경이 영도구보다 더 나빠요. 골목길에 집들이 따다닥 붙어 있고 상업지 건물도 전부 몰려 있는데다 주거지와 상업지도 너무 밀집해 있어서 넉넉하게 숨 쉴 공간이 없어 보입니다. 집에서 나오면 바로 차 다니는 소방도로나 큰 도로가 있으니 여유가 없죠. 녹지나 공원도 없고, 산복도로 맨 위 도로는 조금 넓고 가로수들이 있 긴 해서 조금 낫지만, 산복도로는 교통도 안 좋고 보행 환경도 나쁘죠. 그 대신에 도심지를 끼고 있어서 금방 남포동 가고 금 방 국제시장 갈 수 있으니 좋다고도 합니다.

- 모노레일이 있죠?

영주동에 한 개 있는데, 이걸로는 부족합니다. 중구는 보행 환 경이 너무 안 좋아요. 어르신들이 편안하고 사회생활을 계속해 야 건강하고 즐겁게 사실 수 있는데 보기에도 아찔아찔한 깎아 지른 것 같은 계단을 오르내려야 하니 밖에 많이 다닐 수 있을 까요? 모노레일이나 트램이나 에스컬레이터나 엘리베이터 등 지형과 주민들에게 맞는 보행대책이 필요합니다.

- 노인의집 같은 게 많이 필요하지 않을까요?

노인의집이 꼭 필요한 분들은 그렇게 모셔야 하겠죠. 하지만 무조건 어른들을 모셔놓고 돌보거나 집에 찾아가서 돌보는 식 의 노인복지는 앞으로 지양해야 합니다. 우선 노인은 많아지는 데 노인을 돌볼 사람은 급격하게 줄어들어요. 또한, 어르신들 도 움직일 수 있는 한 움직이는 게 노화도 막고 더 건강하게 지내는 방법입니다. 일본만 하더라도 예전에는 계속 노인들을 돌보기만 했거든요. 그런데 이제 다 노인이라 돌볼 사람이 없어요. 그래서 노인들을 밖으로 나오게 하는 거예요. 밖으로 나오게 해서 체육활동하고 문화예술활동하고 이렇게 해서 노인들에게 스스로를 챙기는 힘을 길러주는 거죠. 누워만 있던 사람은 앉히고, 앉아만 있는 사람은 서게 하고, 집에서만 왔다 갔다 한 사람은 밖에 나와서 걷게 하고 이렇게 하면서 자립적으로 생활할 수 있도록 도와준다는 겁니다. 어르신들이 문화예술체육활동과 시민교육에 더 많이 참여할 수 있도록 도와야 합니다. 마을건강센터와 복지관, 평생학습센터와 주민자치센터의 프로그램이 중요한 역할을 맡아야 해요.

– 노인의집보다 평생학습센터나 문화센터 체육시설을 만드는 게 더 필요하겠네요?

맞습니다. 그래야 합니다. 더 나아가 건강보험에서 의료비만 제공하고 있는데 건강을 위한 다양한 활동을 인정해서 비용을 지원하도록 해야 합니다. 수영, 헬스, 노래, 춤, 배드민턴 탁구 등 문화예술체육활동에 투자하면 병원비도 줄어들 뿐 아니라 삶의 기쁨이 더 커집니다. 건강보험공단과 문화체육관광부와 지자체가 힘을 합쳐 지역 주민의 문화예술체육교육활동을 위한 공간도 많이 지원하고요.

노인의집에는 혼자서 자기 생활을 못 꾸리고, 가족이 낮 또는 밤에 돌보지도 못 하는 분들만 다니면 되겠죠. 가족이 없어 아무도 돌봐주는 사람이 없다면 요양원을 가야 하나? 물론, 가야 할 분도 계시겠죠. 하지만 노화 연구에 의하면 치매에 걸렸다 해도 시설에 들어가 버리면 치매가 더 심해진답니다. 반면, 자기가 살던 집에서 살며 자기가 살던 동네를 다니고 동네 사람들과 교류하면서 살면 오히려 치매가 느리게 진행된다고 해요. 자식들과 함께 살다가 치매에 걸리면, 최대한 모시다가 도저히 함께 살 수 없는 지경에 이르러서야 요양원으로 보내잖아요. 자식 부부와 손자녀들이 너무 힘드니까. 그런데 이 경우에도 가능하다면 치매 노인은 살던 집에 계속 살게 하고 자식들이 같은 동네의 다른 집을 얻어 살며 보살피는 게 낫다고 합니다. 그래야 치매가 진행되는 속도도 느려진다고 합니다. 비록 기억을 잃어가고 있더라도 조금이나마 기억이 남아 있는 집과 가족과 동네와 동네 사람들이 치매를 잡아줄 수 있는 거죠.

– 여러 가지 면에서 공동체가 다시 살아나는 게 중요하겠네요?

자기 마을에서 공동밥상을 운영하는 한 통장님이 계세요. 동네로 이사 온 지 얼마 안 된 사람이 안 보여서 찾아가니 돌아가신 지 며칠이 지났더랍니다. 마음이 참 안 좋았다고 해요. 당연하죠. 그래서 마을 사람들끼리 만나게 하자, 만나려면 먹어야 한다, 이렇게 주민센터에 사업제안을 해서 시행을 했어요. 대여섯 명씩 조를 짜고 1주일에 한 번 3만 원어치 반찬거리를 사다 주면 일주일에 한 끼 식사를 준비하여 같이 밥을 먹습니다. 밥 먹으며 서로를 알고 그동안의 안부도 묻고. 그 프로젝트가 6개월 하고 끝났는데도 주민들은 고구마를 삶아 오고 밥도 가져오고, 하면서 계속하신답니다. 참 잘하는 거죠.

– 한 집을 완전히 공개해야 할 텐데 불편하지 않을까요?

일주일에 한 번 집집마다 돌아가면서 하죠. 젊은 사람들과 달리 어르신들은 오랜 세월 문을 다 열어놓고 산 경험이 있어 서로 믿을 수 있는 사이라면 집을 개방하는 것을 아주 불편하게 생각하지는 않아요. 대여섯 명, 예닐곱 명이 일주일에 한 번 점심을 같이 먹는데 3만 원씩 지원하면 한 달에 12만 원 정도 들죠. 이 금액이 마중물이 돼서 어떤 사람은 라면 가져와서 끓이고 다른 사람은 사과를 갖고 오는 식으로 모임이 계속 진행되니까 친구가 되고 진짜 이웃이 생기는 겁니다. 어른들이 나이 들어서는 이웃을 거의 안 사귀는데 얼마나 크고 좋은 변화예요.

거기에다가 삶은 고구마와 달걀 프라이 등 간단한 먹거리도 만들고, 요리 교실을 열어 남자 어르신 대상으로 진행하면 더 좋겠죠. 다만 달걀이나 옥수수, 고구마라도 삶아서 함께할 수 있으면 좋은 거잖아요. 이웃 어르신들을 내 가족처럼 생각해서 나오는 아이디어라 생각합니다. 이웃집 할머니가 치매인데 딸이 좀 떨어져서 살고 직장도 다녀서 가끔 한 번씩 들여다본다고 해요. 그래서 이 통장님이 할머니를 데리고 다녀요. 통장님도 60세

정도 되었는데 말이죠.

– 노인 사회복지사들도 방문하고, 가스레인지 타이머도 30분 안에 꺼지도록 만들고, 두 명이 일주일에 두 번씩 빨래랑 집안일 다 해주시기도 하시잖아요?

그런 사업들은 일률적으로 하는 게 아니라 구마다 복지관마다 서비스가 달라요. 그런데, 어떤 내용으로 하든 그게 지속 가능한 방법이 아니라는 거예요. 지금은 그렇게 해도 노인 인구가 많아지면 감당이 안 된다는 거죠. 어쨌든 복지사업이나 자원봉사활동으로 다 뒷받침할 수 있는 것은 아니어서, 어르신들도 공동체를 통해 자조 역량을 높여야 할 것입니다.

언제나 푸르른 긍정의 사람

배재국(한국해양대학교 데이터정보학과 교수)

가을 끝, 잎 진 나뭇가지 사이로 하늘이 파랗다.

쓸쓸함의 배경에는 늘 높고 빛나는 색조의 심연이 있는 것일까.

마음마저 설레는 그런 심연….

그런 설렘을 안고, 파란 옷이 잘 어울리는 긍정의 여성 박영미 대표를 인터뷰하였다. 우선 이 사람을 알고 싶었다. 그의 삶의 외견적 흐름은 잘 알고 있었기에 그에 대한 인간적 믿음은 있었지만, 어떤 환경에서 자라 어떤 이상을 품고 어떤 사람들을 만났는지 확인하고 싶었다.

그는 1960년대에 태어난 대부분 사람들이 그렇듯이, 가난한 환경이지만 부모와 여러 형제자매의 따뜻한 애정 안에서 자랐다. 고생한 부모님과 언니, 오빠들에게 힘이 되어주고 싶어, 가난을 벗어나기 위해 열심히 공부하던 소녀는, 그 소녀의 애정은 대상만 점차 우리 사회의 소외되고 억눌린 사람들에게로 넓게 번져갔을 뿐 그의 가족애, 그의 공동체 사랑은 항시 그대로였다.

인터뷰 중 그에게 감명을 느낀 순간이 여러 차례 있었다. 미혼모와 낙태죄의 문제에 대해 말하면서, 온갖 사회적 비난 속에 어찌할 바를 모르는 어린 미혼모, 낙태를 하지 못해 죽음으로 내몰리는 비정한 현실 속의 여성에 대한 애절한 마음으로 그의 음성이 떨려 나올 때였다. 그의 사회 운동이 단지 여성운동가의 직업적 활동이 아니라 사회적 약자들의 삶에 깊숙이 들어가 있음을 느낄 수 있었다.

육아를 통해 조직의 성장, 발전, 그리고 한 국가가 국민을 먹이고 입히고 양육하는 과정을 감각적으로 깨닫는 그의 인식력과 학습력이 독특하고 감명적이었다. 부모가 아이를 돌보고 아이가 자라남에 따라 정의와 사랑에 입각한 사회적 공동체성을 교육하듯이 국가 역시 출산과 육아의 권리와 의무가 잘 실현될 수 있도록 사회적 뒷받침을 보장하는 한편, 경쟁에 내몰리는 교육 체계는 공동체성을 살리고 4차 산업혁명에 따르는 미래까지 대비하는 평생공교육 체제를 확립하는 방향으로 가야 한다는 그의 교육 철학은 확실히 남다른 바가 있었다.

지난여름, 두 달간 박영미 대표의 아침 활동에 동참하여 같이 다니면서 '이 사람이 참 끈질긴 사람이구나!' 하고 생각한 적이 있다. 아침 시간의 마지막 순간까지 사람들의 손을 잡아주고, 누군가 자신의 사정을 호소할 때면 그가 누구든 긴 시간을 할애하여 들어주는 모습에서 그의 인간에 대한 애정과 진실성이 묻어났다.

인터뷰를 마치면서 나는, 그가 인간에 대한, 특히 사회적 약자에 대한 깊은 애정과 튼튼하고 탄력적인 끈질김을 바탕으로 공익에 봉사하려는 열정을 가진 사람이라는 것을 알게 되었다. 그리고 그 무엇보다도 그는 언제나 푸르른 긍정의 사람임을 확언할 수 있을 것 같다.

박영미가 걸어온 길

1961년	부산 출생
1974년	부산 광무초등학교 졸업
1977년	부산 부일여자중학교 졸업
1980년	부산 데레사여자고등학교 졸업
1981년	서울대학교 사회과학대 입학
1982년	서울대학교 사회학과 학회장
1983년	구로공단 현장생활
1985년	서울대학교 사회학과 졸업
1986년 ~ 1987년	민주화운동
1988년 ~ 1994년	부산여성노동자회 활동가 및 사무국장
1995년 ~ 2005년	부산여성회 회장
1996년 ~ 2004년	부산진구 자원봉사센터 소장
1997년 ~ 2000년	부산시 여성정책 자문위원회 위원
1998년 ~ 1999년	부산지역 상담기관협의회 회장
1998년 ~ 1999년	KBS부산 시청자위원회 위원
1999년 ~ 2004년	한국여성단체연합 조직위원회 위원장
2001년 ~ 2002년	부산 민주공원 운영위원
2001년 ~ 2003년	부산 북구자활센터 센터장
2002년 ~ 2004년	부산여성단체연합 대표
2002년 ~ 2010년	(사)부산민주항쟁기념사업회 이사
2005년 ~ 2010년	한국여성단체연합 공동대표

2005년 ~ 2006년   KBS부산 시청자위원회 위원

2006년 ~ 2007년   경찰청 혁신위원회 위원

2006년 ~ 2007년   여성농어업인육성자문위원회 위원

2006년 ~ 2008년   YTN 시청자위원회 위원

2006년 ~ 2008년   대통령 직속 지방이양추진위원회 위원

2010년 ~ 2011년   서울 교육청 학생생활정책자문위원회 부위원장

2010년 ~ 현 재   한국한부모연합 고문

2010년 ~ 현 재   한국미혼모가족협회 자문위원

2011년 ~ 2012년   전국교육희망네트워크 공동운영위원장

2011년 ~ 2012년   풀뿌리여성센터 바람 대표 및 상임트레이너

2012년 ~ 2017년   영도희망21 대표

2012년 ~ 현 재   산복도로 르네상스, 행복 마을, 커뮤니티뉴딜 강사

2012년 ~ 2015년   부산주민운동교육원 공동대표

2013년 ~ 2016년   풀뿌리여성센터 바람 대표

2013년 ~ 2018년   (사)한국미혼모지원네트워크 대표

2014년 ~ 2018년   여성가족부 정책자문위원 위원

2014년 ~ 현 재   부산건강도시사업지원단 자문위원

2014년 ~ 2017년   서울시복지거버넌스 가족분과 위원

2015년 ~ 현 재   교육희망네트워크 심의위원회 위원

2015년 ~ 현 재   영도장애인자립생활센터 운영위원

2016년 ~ 2016년   한국가족사회복지학회 부회장

2017년 ~ 현 재   노무현재단 부산지역위원회 공동대표

2017년 ~ 2017년   문재인대통령후보 부산선대위 상임공동위원장

2017년 ~ 2018년   커뮤니티 이루다 공동대표

2017년 ~ 2018년   더불어민주당 정책위원회 부의장

2017년 ~ 2018년   대통령 직속 저출산고령사회위원회 문화혁신분과위원

2017년 ~ 2018년　더불어민주당 좋은지방정부위원회 자문위원

2018년 ~ 2019년　부산인재평생교육진흥원 원장

2018년 ~ 2019년　부산시 평생교육협의회 위원

2018년 ~ 2019년　부산시 대학 및 지역인재 육성지원협의회 위원

2018년 ~ 2019년　부산지역인적자원개발위원회 위원

2018년 ~ 2019년　부산산업과학혁신원 운영위원

2018년 ~ 현 재　보수동 책방골목문화관 운영위원

2019년 ~ 현 재　(사)초등돌봄교사연합회 부산지회 자문위원

2019년 ~ 현 재　부산시 민주화운동 기념 및 정신계승위원회 위원

2019년 ~ 현 재　부산시청자미디어센터 운영위원

2019년 ~ 현 재　한국보건복지인력개발원 부산교육센터 자문위원

2019년 ~ 현 재　부산시 건강도시위원회 위원

사람 속에 함께 걷다

초판 1쇄 발행 2019년 12월 20일

지은이 박영미
펴낸이 강수걸
편집장 권경옥
편집 박정은 강나래 윤은미 이은주
디자인 권문경 조은비
펴낸곳 산지니
등록 2005년 2월 7일 제333-3370002510020005000001호
주소 부산시 해운대구 수영강변대로 140 BCC 613호
전화 051-504-7070 | 팩스 051-507-7543
홈페이지 www.sanzinibook.com
전자우편 sanzini@sanzinibook.com
블로그 sanzinibook.tistory.com

ISBN 978-89-6545-638-4 03330

* 책값은 뒤표지에 있습니다.
* 이 도서의 국립중앙도서관 출판예정도서목록(CIP)은 서지정보유통지원시스템
홈페이지(http://seoji.nl.go.kr)와 국가자료공동목록시스템(http://www.nl.go.kr/
kolisnet)에서 이용하실 수 있습니다.(CIP제어번호: CIP2019049865)